穀蔬瓜果

楊蔭深　編著

事物掌故叢談

叢書介紹

「事物掌故叢談」是中國民俗和文學史專家楊蔭深先生代表作。全套書按「歲時令節」、「神仙鬼怪」、「衣冠服飾」、「飲料食品」、「居住交通」、「器用雜物」、「遊戲娛樂」、「穀蔬瓜果」、「花草竹木」分為九個大類。探究日常生活中五百多種事物的最初來源和歷史演變，囊括古今中外眾多的典故常識，基本涵蓋人們日常生活的方方面面。

追本溯源是「事物掌故叢談」的最大特色，日常生活中那些人們熟知的事物起源於何時，又經過怎樣的變化成為現今的形態。作者引經據典、信手拈來，這種追溯是以考證典籍的記載為基礎撰寫而成的。自稱有「歷史癖」的楊蔭深先生遍覽群書，通過精心梳理、嚴謹考證，將各類事物與掌故一一對應，令人豁然開朗、耳目一新。全套書雜以趣聞傳説、軼事傳奇，內容豐富充實、妙趣橫生，是關於民俗文化、日常生活、市井百態的百科全書。

作者介紹

楊蔭深（1908—1989）：原名楊德恩，字澤夫，浙江鄞縣人（今寧波市鄞州區）。中國古典文學史家、民俗學家。上海市第二至第六屆政協委員。曾任中國俗文學會顧問、上海民間文藝家協會理事、顧問，上海辭書學會理事。歷任商務印書館、上海辭書出版社編審，《辭海》編委等職。主要著作有《先秦文學大綱》、《中國文學史大綱》、《中國學術家列傳》、《五代文學》、《隋唐五代文學編年長編》、《中國古代遊藝研究》、《古今小説來源考》、《中國民間文學概説》、《中國俗文學概論》等。

引言

穀蔬瓜果，皆為吾人日常所見的植物，同時都可供我們食用。依植物學家的分類，這樣方法是不妥當的，但如照園藝學家來說，那分類未始不對。其實我們所談的是掌故，以我國過去的習慣，穀蔬瓜果都可自成為一類，所以書內所分，全無甚麼根據，只依過去的習慣而已。這一點是須在這裡先為聲明一下的。

也因為這裡所說的只是掌故，所以不像植物學書專講它們的形態怎樣；也不像園藝學書專講它們應當怎樣栽培。這裡所說的，只是它們怎樣的由來，何以有這樣的名稱，以及它們的種類而已。間亦敘述一些關於它們有趣的故事，但這是少得很；為了它們而鬧成笑話，終究是少有的。

像這樣的資料，在我國舊籍裡實不多見。這裡特別引用得多的是明時李時珍所著的《本草綱目》，雖然這是一本藥物的書，但也頗能研究到它們的由來和種類的，而且大多根據事實，不尚空談，所以如清之吳其濬《植物名實圖考》，近人杜亞泉氏所輯的《植物學大辭典》，無不加以引證，本書當然也不能例外。這實在是我國一部博物大辭書，在學術界裡應佔重要的地位。這一點也得在這裡聲明一下的。

寫這樣的掌故，在著者還是第一次的嘗試，坊間也沒有這類的書出版過，簡陋謬誤，自知不免，只好有待於異日的補正了。

楊蔭深　一九四五年三月二十二日於海上

目錄 CONTENTS 目次

一 稻麥

稻、麦

Rice and wheat

好雨知時節

稻為五穀之一。說起穀，古來就有三穀、五穀、六穀、九穀、百穀諸稱，如《格致總論》云：

穀，種之美者也。其為種也不一，考之前載，有言三穀者，粱稻菽是也；有言五穀者，麻黍稷麥菽是也；有言六穀者，稻黍稷粱麥苽是也；有言九穀者，稷秫黍稻麻大小豆大小麥是也；有言百穀者，又包舉三穀各二十種者為六十，蔬果之實助穀各二十是也。

按：鄭玄註《周禮》謂三穀黍、稷、稻，五穀黍、稷、菽、麥、稻，與上述有異；又有四穀黍、稷、稻、麥。晉崔豹《古今注》又謂九穀黍、稷、稻、粱、三豆、二麥，亦與上述不同。蓋此種總稱，大抵為後人隨意掇合，原無定例可言。惟五穀中無稻，則實不可通，故當以鄭說為是。

稻字從禾從舀，舀象人在臼上治稻之義。種類殊多，但大別之則為粳糯兩種。再由此兩種分歧而出，據古籍所載約近百種，如明徐光啟《農政全書》云：

黃省曾《理生玉鏡》曰：稻之粒其白如霜，其性如水。《說文》謂之「稌」，沛國謂之「粳」。以黏者謂之「糯」，亦謂之「秫」；以不黏者謂之「秔」，亦謂之「粳」。故氾勝之云：「三月而種秔，四月而種秫。」然皆謂之稻也。《魯論》之「食夫稻」，粳也。《月令》之秫稻，糯也。糯無芒，粳有芒。粳之小者謂之「秈」，秈之熟也早，故曰「早稻」；粳之熟也晚，故曰「晚稻」。京口大稻謂之粳，小稻謂之秈。其粒細長而白，味甘而香，九月而熟，是謂稻之上品，曰「箭子」。其粒大而芒紅皮赤，五月而種，九月而熟，謂之「紅蓮」。其粒尖色紅而性硬，四月而種七月而熟，曰「金城稻」，是惟高仰之所種，松江謂之「赤米」，乃穀之下品。其粒長而色斑，五月而種九月而熟，松江謂之「勝紅蓮」。性硬而皮莖俱白，謂之「穲種稻」。其粒大色白，稈軟而有芒，謂之「雪裡揀」。其粒白無芒而稈矮，五月而種九月而熟，謂之「師姑秔」，《湖州錄》云：「言其無芒也。」四明謂之「矮白」。其粒赤而稃芒白，五月初而種八月而熟，謂之「早白稻」，松江謂之「小白」，四明謂之「細白」。九月而熟謂之「晚白」，又謂「蘆花白」，松江謂之「大白」。其三月而種六月而熟，謂之「麥爭場」。其再蒔而晚熟者，謂之「烏口稻」。在松江色黑而能水與寒，又謂之「冷水結」，是謂稻之下品。其粒白而大，四月而種八月而熟，謂之「中秋稻」。在松江八月望而熟者，謂之「早中秋」，又謂之「閃西風」。其粒白而穀紫，五月而種九月而熟，謂之「紫芒稻」。其秀最易謂之「下馬看」，又謂之「三朝齊」，《湖州錄》云：「言其齊熟也。」其在松江粒小而性柔，有紅芒白芒之等，七月而熟曰「香秔」。其粒小色斑，以三五十粒入他米數升炊之，芬芳馨美者，謂之「香子」，又謂之「香稫」。其粒長而釀酒倍多者，謂之「金釵糯」。其色白而性軟，五月而種十月而熟，曰「羊脂糯」。其芒長而穀多白斑，五月而種九月而熟，謂之「胭脂糯」，太平謂之「朱砂糯」。其白斑五月而種十月而熟，謂之「虎皮糯」，太平又云「厚稃紅」。黑斑而芒，其粒最長，白稃而有芒，四月而種七月而熟，謂之「趕陳糯」，太平謂之「趕不著」，亦謂之「秈糯」。其粒大而色白，四月而種九月而熟，謂之「矮糯」。其稃黃而米赤，已熟而稈微青，佈宜良田，四月而種九月而熟，謂之「青稈糯」。其粒大而色白芒長，而熟最早，其色易變，而釀酒最佳，謂之「蘆黃糯」，湖州謂之「泥裡變」，言其不待日之曬也。其粒圓白而稃黃，大暑可刈，其色難變，不宜於釀酒，謂之「秋風糯」，可以代粳而輸租，又謂之「瞞官糯」，松江謂之「冷粒糯」。其不耐風水，四月而種八月而熟，謂之「小娘糯」，譬閨女然也。其在湖州色烏而香者，謂之「烏香糯」。其稈挺不仆者，謂之「鐵梗糯」。芒如馬鬃而色赤者，謂之「赤馬鬃糯」。其粒小而色白，四月而種六月而熟，謂之「六十日稻」，又遲者謂之「八十日稻」，又遲者謂之「百日赤」。而毗陵小稻之種，亦有「六十日秈」「八十日秈」「百日秈」之品，而皆自占城來，實賴水旱而成實，作飯則差硬。宋氏使占城珍寶易之，以給於民者。在太平六十日秈謂之「拖犁歸」。有赤紅秈，有百日秈，俱白稃而無芒，或七月或八月而熟，其味白淡而紅甘。在閩無芒而粒細，有六十日可獲者，有百日可獲者，皆曰「占城稻」。其已刈而根復發苗再實者，謂之「再熟稻」，亦謂之「再撩」。其在湖州，一穗而三百餘粒者，謂之「三穗子」。

按：其中占城稻據宋羅願《爾雅翼》云：

今江浙間有稻粒稍細，耐水旱而成實早，作飯差硬，土人謂之「占城稻」，云始自占城國有此種。昔真宗聞其耐旱，遣以珍寶求其種，始植於後苑，後在處播之。按：《國朝會要》，大中祥符五年遣使福建取占城禾，分給江淮兩浙漕，並出種法，令擇民田之高者分給種之；則在前矣。

是始於占城國。占城在今越南，今又稱之為「洋秈」。惟如《農政全書》所說：

賈氏《齊民要術》著旱稻法頗詳，則中土舊有之，乃遠取諸占城者何也？賈故高陽太守，豈幽燕之地自昔有之，爾時南北隔絕，無從得邪？抑北魏時有之，後絕其種邪？今北土種者甚多，畿內種推平峪，山東推沂州，不啻新城粳稻矣。

則中國古時似也有此種的。惟江浙之間，實為真宗所移植，當無疑義。其實稻種之多，據現在農業家研究，至少在一千餘種，那真是洋洋大觀，非我們所能勝述了。

至於稻的原產地究在何方，這是各有各的說法，如近人原頌周《中國作物論》云：

> 稻英名芮斯（Rice），與梵語芮衣（Vrihi）相近，疑歐洲之稻始由印度傳入。惟稻之原產地究竟出於印度與否，尚未可知。有謂中國神農時已植稻者，然神農建都河洛，氣候嚴寒，不宜於稻耕種，稻似非始自神農；惟徵諸《史記．夏本紀》：「禹令益予眾庶稻，可種卑濕。」是稻為夏以前所有，確無疑義。抑又聞之，暹羅英名為Siam，音近粘秈，而不黏之稻曰粘曰秈，想是Siam音之轉，則謂粘稻發源暹羅，亦屬可信。因思《說文》言「沛國謂稻曰穤」，疑吾國初植之稻為糯種，粘稻乃其後起歟？

此種推測，或較可信，蓋稻實為溫熱帶植物，不適於北方寒冷之地種植，今日如此，古時當亦不能例外的。

麥亦為五穀之一，而其重要與稻相等，蓋我國人南方大多食稻米，而北方則多食麥粉。

麥字從來從夊，來象其實，夊象其根。今多簡作從夾從夕，實非。又古稱小麥為來，如《詩．思文》「貽我來牟」，此來即小麥，牟為大麥，今字又加麥旁而作麳麩。其實古人之意，以麥為天所賜來，故稱為來，《說文》所謂「麥天所來也」。後世遂又借作來往的來了。

麥有小麥與大麥兩種，此外尚有雀麥，蕎麥，如明宋應星《天工開物》云：

凡麥有數種，小麥曰「來」，麥之長者。大麥曰「牟」曰「穬」，雜麥曰「雀」曰「蕎」，皆以播種同時，花形相似，粉食同功，而得麥名也。四海之內，燕秦晉豫齊魯諸道，烝民粒食，小麥居半，而黍稷稻粱僅居半。西極川云，東至閩浙，吳楚腹焉，方長六千里中，種小麥者二十分而一，磨麵以為捻頭環餌饅首湯料之需，而饔飧不及焉。種餘麥者五十分而一，閭閻作苦以充朝膳，而貴介不與焉。「穬麥」獨產陝西，一名「青稞」，即大麥，隨土而變，而皮成青黑色者，秦人專以飼馬，饑荒人乃食之。「雀麥」細穗，穗中又分十數細子，間亦野生。「蕎麥」實非麥類，然以其為粉療飢，傳名為麥，則麥之而已。凡北方小麥歷四時之氣，自秋播種，明年初夏方收。南方者種與收期時日差短。江南麥花夜發，江北麥花晝發，亦一異也。大麥種獲期與小麥相同。蕎麥則秋半下種，不兩月而即收，其苗遇霜即殺，邀天降霜遲遲，則有收矣。

麥為我國原產，此殆無復疑義。蓋我國發源於黃河流域，為種麥最適宜之地。天賜之說，亦即由此而來，以其並非外方傳入，隨人種而俱來，故無以稱之，稱之為「來」。

麥為古時主要糧食之一，所以如董仲舒說漢武帝云：「《春秋》於他穀不書，至於麥禾不成則書之。以此見聖人於五穀最重麥與禾也。」（《漢書．食貨志》）可知當時重視的一斑。故如麥秀兩穗三穗，輒有獻瑞麥之舉，而史書為之記載，以為祥瑞之徵。其實這也是平常得很，正如雙生胎一樣，沒有甚麼特別可言的。

二　粱黍稷菰

Sorghum, broomcorn millet, millet, Chinese wild rice

粟、黍、稷、マコモ

粱今又稱為粟。粱之稱粱，解釋甚多，如明李時珍《本草綱目》云：

粱者良也，穀之良者也；或云種出自粱州；或云粱米性涼，故得粱名：皆各執己見也。粱即粟也，考之《周禮》九穀六穀之名，有粱無粟，可知矣。自漢以後，始以大而毛長者為粱，細而毛短者為粟，今則通呼為粟，而粱之名反隱矣。今世俗稱粟中之大穗長芒粗粒而有紅毛白毛黃毛之品者，即粱也，黃白青赤亦隨色命名耳。

粱雖有黃白青赤之分，而要以黃粱為最上品，赤粱最下。如宋羅願《爾雅翼》云：

粱有三種：「青粱」殼穗有毛，粒青，米亦微青而細於黃白米也。夏月食之，極為清涼，但以味短色惡，不如黃白粱，故人少種之，亦早熟而收少，作餳清白勝餘米。「黃粱」穗大毛長，殼米俱粗於白粱而收子少，不耐水旱，食之香味，美於諸粱，人號為「竹根黃」。「白粱」穗亦大，毛多而長，殼粗扁長，不似粟圓，米亦白而大，其香美為黃粱之亞。古天子之飯所以有白粱黃粱者，明取黃白二種耳。

此僅言三種，至赤粱據元王禎《農書》云：「其禾莖葉似粟，粒差大，其穗帶毛芒，牛馬皆不食，與粟同時熟。」

粱在古時亦認為美食，常與稻並稱為「稻粱」，如《詩・鴇羽》:「王事靡盬，不能蓺稻粱。」又《儀禮・公食大夫禮》:「宰夫膳稻於粱西。」膳為進，進稻於粱之西，是以稻粱並列了。又《禮記・曲禮》:「歲凶，大夫不食粱。」是粱可認為美食無疑，故歲凶連大夫也不能食了。據註謂:「大夫食黍稷，以粱為加，故凶年去之也。」即此可知大夫連平時也不常食粱的。

青粱據唐孟詵《食療本草》說，尚有辟穀的效力。他說:「青粱米可辟穀，以純苦酒浸三日，百蒸百曬藏之，遠行日一飧之，可度十日，若重飧之，雖八九十日不飢也。」這未免是神話，所以李時珍以為:「《靈寶五符經》中，白鮮米九蒸九暴，作辟穀糧，而此用青粱米，未見出處。」其實辟穀之說，只是道家惑眾說法而已，斷無有此理的。

黍稷古多並稱，但古或以為二物，或以為一類，如明宋應星《天工開物》云:

凡黍與稷同類。黍有黏有不黏，黏者為酒；稷有粳無黏。黍色赤白黃黑皆有，而或專以黑色為稷未是。至以稷米為先他穀熟，堪供祭祀，則當以早熟者為稷，則近之矣。

此雖云同類，但仍為二物，只是相似而已。又如明李時珍《本草綱目》云：

稷與黍，一類二種也，黏者為黍，不黏者為稷。稷可作飯，黍可釀酒，猶稻之有粳與糯也。陳藏器獨指黑黍為稷，亦偏矣。稷黍之苗，似粟而低小，有毛結子，成枝而疏散，其粒如粟而光滑。三月下種，五六月可收，亦有七八月收者。其色有赤白黃黑數種，黑者禾稍高。今俗通呼為黍子，不復呼稷矣。

此則以黍稷為一類，其分黍稷，猶稻之分粳糯而已。

黍字從禾入水，許慎《說文》引孔子說「黍可以為酒」，故黍字作禾入水以會意；又因大暑而種，故字讀暑音。稷則從禾從畟，畟音即，諧聲；又進力治稼之意，《詩》所謂「畟畟良耜」是也。又南人呼黍為穄，是謂其米可供祭祀，故從禾從祭。如「蘆穄」實即蜀黍，南人以其形似蘆，故名。今北人又稱為高粱，即用以製高粱酒的。又有一種「蘆粟」，雖名為粟而實非粟類，為蘆穄的變種，莖中含有多量的砂糖，可供食用及製糖的原料。此外尚有「玉蜀黍」，今俗稱苞米、珍珠米，亦稱六穀，意謂五穀之外，又多此一穀。原產北美，其移植於我國，大約猶在明時，故明以前無聞。明李時珍《本草綱目》云：「玉蜀黍種出西土，種者亦罕，其苗葉俱似蜀黍而肥矮。苗心別出一苞如棕魚形，久則苞拆子出，大如棕子，黃白色，可煠炒食之。」因其形似蜀黍，子又黃白如玉，所以稱為玉蜀黍罷！又因其外有苞，故稱苞米。

此外據《群芳譜》所載，又有御麥、番麥之稱；《農政全書》所載，又有玉米、玉麥、玉蜀秫之稱；蓋本從他地移種而來，其稱米稱麥，都是借名而已。

菰本作苽，古以為六穀之一，故亦屬於穀類。又有「茭」「蔣」之稱，見《說文．廣雅》，所以宋羅願《爾雅翼》云：

苽者，蔣草也，生水中，葉如蔗荻，江南人呼為「茭草」，刈以飼馬甚肥。古者食醫會六穀六牲之宜，則牛宜稌，羊宜黍，豕宜稷，犬宜粱，雁宜麥，魚宜苽。釋者以為牛味甘平，羊甘而熟，稻與黍苦而溫；豭酸而牝苦，稷以甘濟之，皆甘苦相成。犬酸而溫，粱甘而微寒；雁甘而平，大麥酸溫，小麥如粱，亦氣味之相成者。魚族甚多，寒熱酸苦兼有，而云宜苽者，或同是水物相宜。此米一名「雕胡」，宋玉賦云：「為臣炊雕胡之飯，烹露葵之羹。」又枚乘《七發》云：「楚苗之食，安胡之飯，摶之不解，一啜而散。」或曰「安胡」，亦雕胡也。古人以為美饌，今饑歲獨採以當糧，然不知貴。

按：上所謂「食醫」，見於《周禮．天官》及《禮記．內則》，蓋古時人君燕食所用，其貴可知。今則亦如宋時，視菰米僅為救荒之用，無有作為飯食的。其米又稱為雕胡，實為雕菰的訛稱，明李時珍《本草綱目》云：

「菰本作苽，茭草也。其中生菌如瓜形可食，放謂之「苽」。其米須霜雕時採之故謂之「雕苽」，或訛為「雕胡」，枚乘《七發》謂之「安胡」，《爾雅》「嚙雕蓬薦黍蓬」也；孫炎註云「雕蓬即茭米，古人以為五飯之一」者。

至現在人所食的，則為其中的芽，即俗稱茭白，或名茭筍，誠如宋蘇頌《本草圖經》所云：

菰根江湖陂澤中皆有之，生水中，葉如蒲葦，刈以秣馬甚肥。春末生白芽如筍，即菰菜也，又謂之「茭白」，生熟皆可啖，甜美。其中心如小兒臂者，名「菰手」，作菰首者非矣。《爾雅》云：「出隧蘧蔬。」註云：「生菰草中，狀似土菌，江東人啖之甜滑。」即此也，故南方人至今謂菌為菰，亦緣此義。

三　豆蔻花生

豆、落花生

Beans and peanuts

豆古稱為菽，漢以後方呼為豆，見宋姚宏《戰國策》註。菽字本作尗。明李時珍《本草綱目》云：「豆尗皆莢穀之總稱也。篆文尗象莢生附莖下垂之形，豆象子在莢中之形。《廣雅》云，大豆菽也，小豆荅也。」是又以菽為大豆的別稱。蓋古時稱菽大多指為大豆，然普通實以菽為豆的總名，與豆意同。

豆的種類很多，後魏張揖《博雅》有：「大豆菽也，小豆荅也，䟤豆豌豆留豆也，胡豆䟤䠞也，巴菽巴豆也。」可知在其時有五種之多。至明宋應星《天工開物》，則述豆重要的有下列十種：

凡菽種類之多，與稻麥相等。一種「大豆」有黑黃兩色，下種不出清明前後。一種「綠豆」圓小如珠，必小暑方種。一種「豌豆」有黑斑點，形圓同綠豆，而大則過之，其種十月下，來年五月收。一種「蠶豆」其莢似蠶形，豆粒大於大豆，八月下種，來年四月收。一種「小豆」，赤小豆入藥有奇功，白小豆（一名飯豆）當冷助嘉穀，夏至下種，九月收穫。一種「穭豆」，古者野生田間，今則北土盛種，成粉蕩皮，可敵綠豆。一種「白藊豆」乃沿籬蔓生者，一名蛾眉豆。其他「豇豆」「虎斑豆」「刀豆」與大豆中分青皮褐色之類。間繁一方者，猶不能盡述，皆充蔬代穀以粒烝民者。

可知又較前時為夥了。惟豇豆實即胡豆之別稱，說詳後。

現在先從大豆說起。大豆古既亦稱為菽，所以如《詩・七月》「七月烹葵及菽」，《生民》「蓺之荏菽」，《爾雅》「戎叔謂之荏菽」，註疏家皆以為菽即大豆。又因為《爾雅》有「戎叔」之說，於是以此豆為傳自戎地，但亦有人反對其說，如唐孔穎達《毛詩正義》云：

《爾雅．釋草》云：「戎菽謂之荏菽。」孫炎曰：「大豆也。」此箋亦以為大豆。樊光舍人李巡、郭璞皆云：「今以為胡豆。」璞又云：「春秋齊侯來獻戎捷，《穀梁傳》曰，戎，菽也。《管子》亦云，北伐山戎。出冬蔥及戎菽佈之天下。今之胡豆是也。」按：《爾雅》戎菽皆為大豆，註《穀梁》者亦以為大豆也。郭璞等以戎胡俱是裔名，故以戎菽為胡豆也。後稷種穀，不應捨中國之種而種戎國之豆。即如郭言齊桓之伐山戎始佈其豆種，則後稷之所種者何時絕其種乎？而齊桓復佈之禮有戎車，不可謂之胡車，明戎菽正大豆是也。

按：此說甚是，雖此詩未必為後稷時人所作，乃後人追述之詞，然今植物學家亦以大豆為中國原產，而後傳入各國的。

大豆其實還不止黑黃二色，如李時珍《本草綱目》云：「大豆有黑白黃褐青斑數色。黑者名烏豆，可入藥及充食作豉；黃者可作腐榨油造醬，餘但可作腐及炒食而已。」今以黃者為最普通，故又稱「黃豆」。而黃豆之供膳食，名目殊多，單是作腐一項，就有豆腐、豆腐漿、豆腐皮、豆腐渣、豆腐乾、百葉豆腐、醬豆腐、臭豆腐等。豆腐相傳為漢淮南王劉安所創製，漿皮渣乾即從此而出。醬豆腐不知起於何時。臭豆腐明時已有之，其吃法正與今同，如明人《蓬櫳夜話》云：

> 黟縣人喜於夏秋間醢腐，令變色生毛，隨拭去之，俟稍乾，投沸油中灼過，如製饊法漉出，以他物芼烹之，云有海中鱟魚之味。羽流衲子競以解茹淡之饞，即貴倨亦多嗜之者，然余曾一染指，直臭腐耳，未睹其神奇也。

至這些腐類，皆富於營養資料，其中尤以豆腐皮為最，豆腐渣較少，蓋其精華已被榨去了。

其次則為「小豆」，亦有數種。元王禎《農書》云：「今之赤豆白豆綠豆豍豆皆小豆也。」蓋其實均較大豆為小，故稱小豆。赤豆誠如李時珍所云：「可煮可炒，可作粥飯餛飩餡，並良也。」今所謂豆沙，即大多用赤豆做的。此外吃赤豆尚有避疫的傳說，如宋呂希哲《歲時雜記》云：「共工氏有不才子，以冬至日死為疫鬼，畏赤豆，故是日作赤豆粥厭之。」其後亦不限於冬至日，他日亦有吃此的，據說都可辟疫，如《雜五行書》云：

常以正月旦，亦用月半，以麻子二七顆赤小豆七枚置井中，辟疫病甚神驗。正月七日七月七日，男呑赤小豆七顆，女呑十四枚，竟年無病，令疫病不相染。

這些當然都是迷信之談，不足置信，所以李時珍也說此乃「傅會之妄說。其辟瘟疫用之，亦取其通氣除濕散熱耳」。他又引陳自明《婦人良方》云：「予婦食素，產後七日，乳脈不行，服藥無效，偶得赤小豆一升煮粥食之，當夜遂行。」是赤豆有通乳之功，既是陳氏經驗之談，或較可信。又引朱氏《集驗方》云：

宋仁宗在東宮時患痄腮，命僧贊寧治之，取小豆七七粒為末，傅之而癒。中貴人任承亮患惡瘡近死，尚書郎傅永授以藥立癒，叩其方，赤小豆也。予苦脅疽，既至五臟，醫以藥治之甚驗。承亮曰：「得非赤小豆耶？」醫謝曰：「某用此活三十口，願勿復言。」有僧發背如爛瓜，鄰家乳婢用此治之神。此藥治一切癰疽瘡疥及赤腫，不拘善惡，但水調塗之，無不癒者。

則赤豆在醫藥上也是很重要的，不僅食用而已。

「綠豆」亦作菉豆，其實綠以色名，作菉實非。綠豆用度很廣，誠如元王禎《農桑通訣》所說：「可作豆粥豆飯，或作餌為炙，或磨而為粉，或作麵材。其味甘而不熱，頗解藥毒，乃濟世之良穀也。」按：作麵材即今所謂細粉者是。綠豆解藥，故今服藥者不吃綠豆。據宋釋文瑩《湘山野錄》云：

> 真宗深念稼穡，聞占城稻耐旱，西天菉豆子多而粒大，各遣使以珍貨求其種。占城得種二十石，至今在處播之。西天中印土得菉豆種二石，不知今之菉豆是否？始植於後苑，秋成日宣近臣嘗之，仍賜占稻及西天菉豆御詩。

則綠豆似由印度所傳入。然唐人蘇鶚《杜陽雜編》有：「大曆中，日林國獻靈光豆，大小類中國之菉豆。」是唐時已有菉豆，不應始於宋時，或此菉豆較中國原來為大，故真宗別求之罷！

「白豆」又名飯豆。據李時珍云：「飯豆小豆之白者也，亦有土黃色者，豆大如綠豆而長，四五月種之，苗葉似赤小豆而略尖，可作飯作腐。」䒳豆即穭豆，李時珍以為：「即黑小豆也，小科細粒，霜後乃熟。」此兩種小豆，各地所少有，不能詳述。

小豆之外則有「豌豆」，李時珍以為：「其苗柔弱宛宛，故得豌名。」按：後魏張揖《博雅》云：「畢豆豌豆留豆也。」是豌豆當時尚有畢豆留豆之稱。李時珍云：

> 種出胡戎，嫩時青色，老則斑麻，故有「胡戎」「青斑」「麻累」諸名。陳藏器《拾遺》雖有胡豆，但云：「苗似豆，生田野間，米中往往有之。」然豌豆蠶豆，皆有胡豆之名，陳氏所云蓋豌豆也。豌豆之粒小，故米中有之。《爾雅》：「戎菽謂之荏菽。」《管子》：「山戎出荏菽佈之天下。」並註云：「即胡豆也。」《唐史》：「畢豆出西戎回鶻地面。」張揖《廣雅》：「畢豆豌豆留豆也。」《別錄》序例云：「丸藥如胡豆大者，即青斑豆也。」孫思邈《千金方》云：「青小豆一名胡豆，一名麻累。」《鄴中記》云：「石虎諱胡，改胡豆為國豆。」此數說皆指豌豆也，蓋古昔呼豌豆為胡豆，今則蜀人專呼蠶豆為胡豆，而豌豆名胡豆，人不知矣。又鄉人亦呼豌豆大者為「淮豆」，蓋回鶻音相近也。

按：豌豆今植物學家認為亞洲西部原產，則出於西戎，當屬可信。惟引《爾雅》、《管子》荏菽亦為豌豆，殊非，說詳前，蓋此荏菽實為大豆而非豌豆。按：《太平御覽》有「張騫使外國得胡豆種歸」之說，則豌豆漢時方傳入於我國，漢以前何從有此豆呢？其豆較諸豆最為早熟，四月間即可採食。今所謂「立夏嘗新」，此豆即為其一的。

蠶豆據王禎《農書》云：「蠶時始熟，故名。」然李時珍以為：「豆莢狀如老蠶，故名。」按：今人亦有呼豌豆為蠶豆，以其豆莢亦如蠶狀。蠶豆之莢則粗大實不如蠶，故又別稱為胡豆，胡讀若阿。李時珍又云：

吳瑞《本草》以此為豌豆，誤矣。此豆種亦自西胡來，雖與豌豆同名，同時種，而形性迥別。《太平御覽》云：「張騫使外國得胡豆種歸。」指此也。今蜀人呼此為胡豆，而豌豆不復名胡豆矣。

按：蠶豆原產裡海沿岸，其傳入中國，是否為張騫攜歸，實一疑問。蓋蠶豆之名，於古未聞，且常與豌豆相混。按：宋宋祁《佛豆贊》云：「豆粒甚大而堅，農夫不甚種，唯圃中蒔以為利；以鹽漬食之，小兒所嗜。豐粒茂苗，豆別一類。秋種春斂，農不常蒔。」此種佛豆倒確似蠶豆，以其「粒甚大而堅」也。又明徐光啟《農政全書》云：「蠶豆今處處有之，其豆似豇豆而小，色赤味甜。」則又非今之蠶豆。惟李時珍所謂蠶豆，確與今無異。然則蠶豆之為蠶豆，其傳入或在宋以前，其名稱的確定或者還在元明時罷！

此外又有「豇豆」，其名亦古所未聞，李時珍《本草綱目》始錄及之，云：「此豆紅色居多，莢必雙生，故有豇䜋䝄之名。《廣雅》指為胡豆誤矣。」按：《廣雅》有「胡豆䜋䝄也」之說，果是此䜋䝄即豇豆，則古時實非沒有。其豆為印度原產，固亦可稱為胡豆的。豆有紫白黑數種，可菜可果。又有「扁豆」，蓋莢形扁而得名，亦作「藊豆」。又名「蛾眉豆」，則象其豆脊；黑的又稱為「鵲豆」，則以其黑間有白道如鵲羽。然莢形實不一，如李時珍《本草綱目》云：

莢凡十餘樣，或長或團，或如龍爪虎爪，或如豬耳刀鐮，種種不同，皆纍纍成枝。嫩時可充蔬食茶料，老則收子煮食，子有黑白赤斑四色。

此豆為亞洲南部原產，梁時已有之，故陶弘景註《本草》，有：「藊豆人家種之於籬垣，其莢蒸食甚美。」又可以煮粥，如宋林洪《山家清供》云：「白扁豆溫無毒，和中下氣，其味甘。用瓦瓶爛煮豆，候粥少沸投之同煮，既熟而食。」又有一種「刀豆」，以莢形如刀而得名。按：唐段成式《酉陽雜俎》云：「挾劍豆，樂浪東有融澤之中，生豆莢形似人挾劍，橫斜而生。」李時珍以為「即此豆也」。嫩時亦如扁豆可煮食，老則收子作淡紅色，據李氏云：「同豬肉雞肉煮食尤美。」又有一種「菜豆」，俗稱「帶豆」，以其豆莢長如帶狀，亦可供食。

此外尚有一種與豆同科而不稱為豆的「落花生」，在現今也像豆一般為吾人日常的食物，應在這裡附說一下。

落花生因為花後子房入於地中生長而結果實，故名。今簡稱「花生」，俗也稱為「長生果」。此果不見於《本草綱目》，今人頗以為至清時方才由外方傳入，如《辭源》引《福清縣志》云：「本出外國，康熙初年，僧應元往扶桑，覓種寄回。」又如近人原頌周《中國作物論》云：

花生原產於巴西國，美洲合眾國自西曆一八六六年始有種植，至輸入我國不知始自何年。美領事孟氏謂花生流入中國在泰西十八世紀以前，未知確否？

十八世紀正當清雍正乾隆年間，以前，大約也指康熙時代罷！然據明王世懋《瓜蔬疏》（載《學圃雜疏》中）已有落花生之名，且云：「香芋落花生產嘉定，落花生尤甘，皆易生物，可種也。」則明時實已傳入我國了。按：王世懋為世貞弟，太倉人，嘉靖進士，其時在十六世紀，彰彰明甚。又據《中國作物論》云：

> 花生品類，大別為大粒小粒二種。金華武昌所產為大粒種，浙江之「小落花生」，廣東之「黃蜂腰」為小粒種。外國種有名「珍珠豆」者，粒小而圓，種於廣東，亦小粒種之一。大粒種收成略多而油分少，小粒種收成略少而油多味美。據西籍小粒種為西班牙種。

大約最初傳入小粒種，至清復有大粒種，所以今人亦稱小粒種為「本生」，而稱大粒種為「洋生」的，其實都是傳自外洋的。

四 菘芥蕓薹

Cabbage, leaf mustard and canola

白菜、カラシナ、ブラッシカ・ラパ

菘即今所謂「白菜」「青菜」的統稱。宋陸佃《埤雅》云：「菘性隆冬不雕，四時長見，有松之操，故其字會意。」

菘的種類雖多，但大別之為白菜，青菜。為我國原產，日常蔬食之中最普通的，所以各地均有栽培，大抵北方所產多為白菜，南方所產多為青菜。此外尚有一種變種名「黃芽菜」，乃用人工培養而成，葉與柄皆扁闊，層層包裹，成圓柱形狀，頂端則成球形。葉作淡黃色，也有很潔白的，秋末可食，柔軟甘美。原產於山東的膠州，故通稱「膠菜」。又有產於江浙的，不用人工培養，則外葉青而內黃，不甚潔白，味也較遜了。

此種人工黃芽菜，明時已有之，如高濂《遵生八箋》云：「將白菜割去梗葉，止留菜心，離地二寸許，以糞土壅平，用大缸覆之，缸外以土密壅，勿令透氣，半月後取食，其味甚佳。」今則多不用缸而用窖了。

按：菘字《爾雅》、《說文》均不載，其字始見於梁顧野王的《玉篇》，可知為後起的字。大約古以菘為芥類，今園藝學家亦多如是，以菘芥並稱，故最古只記芥而不記菘罷！

芥字據元王禎《農書》云：「芥字從介，取其氣辛而有剛介之性。」蓋芥味大多帶些辛辣，故字從艸從介。又宋王安石《字說》云：「芥者界也，發汗散氣，界我者也。」則所解似不若《農書》來得明晰而有意義。

芥的種類頗多。明李時珍《本草綱目》，舉普通者有下面六種：

芥有數種：「青芥」又名刺芥，似白菘有柔毛。有「大芥」，亦名皺葉芥，大葉皺紋，色尤深綠，味更辛辣。有「馬芥」，葉如青芥。有「花芥」，葉多缺刻，如蘿蔔葉。有「紫芥」，莖葉皆紫如蘇。有「石芥」，低小。皆以八九月下種，冬月食者，俗呼「臘芥」，春月食者俗呼「春芥」，四月食者謂之「夏芥」。芥心嫩薹謂之「芥藍」，瀹食脆美。其花三月開黃色四邊，結莢一二寸，子大如蘇子，而色紫味辛，研末泡過，為芥醬以侑肉食，辛香可愛。劉恂《嶺南異物志》云：「南土芥高五六尺，子大如雞子。」此又芥之異者也。

按：今浙東一帶，別有所謂「雪裡蕻」的，實亦芥的一種。明屠本畯《野菜箋》云：

四明有菜名雪裡，甕頭旨蓄珍莫比。
雪深諸菜凍欲死，此菜青青蕻尤美。
吾欲肉食兮無卿相之腹，血食兮無聖賢之德。不如且啖雪裡蕻，還共酒民對案時求益。

是雪裡蕻以雪裡穿蕻而得名，明時已有此菜，似即李氏所謂「大芥」，或大芥的別種。又芥尚可作鹹菜。那種雪裡蕻，除鮮食外，大多還是用作鹹菜的。此外尚有一種「白芥」，據說其種來自西戎，而盛於蜀，故又名「蜀芥」，亦可食用，見《本草綱目》。又滬地有一種「銀絲芥」，亦名「佛手芥」，細莖扁心，顧氏製為菹，經年味不變，即今所謂「芥辣菜」的，見《上海縣志》。均為他地所未有的。

芥在古時似只用其子以為辛醬，不食莖葉，如《禮記．內則》「魚膾芥醬」，註云：「食魚膾者，必以芥醬配之。」又「膾春用蔥，秋用芥」。是以芥與蔥並視的。又梁周興嗣《千字文》「菜重芥薑」，亦以芥薑兩辛菜同列。於此皆可知古時食芥重子不重莖葉。

蕓薹今通稱「油菜」，以其子可榨油，故名。其種係傳自北方，或謂即雲台戍，如明李時珍《本草綱目》云：

> 此菜易起薹，須採其薹食，則分枝必多，故名「蕓薹」；而淮人謂之「薹芥」，即今「油菜」，為其子可榨油也。羌隴氐胡其地苦寒，冬月多種此菜，能歷霜雪。種自胡來，故服虔《通俗文》謂之「胡菜」，而胡洽居士《百病方》謂之「寒菜」，皆取此義也。或云塞外有地名雲台戍，始種此菜，故名，亦通。

按：蕓薹之名，上古所未聞，後魏賈思勰《齊民要術》始有種蕓薹法，云：「蕓薹取葉者七月半種，種法與蕪菁同，足霜乃收。取子者二三月好雨澤時種，五月熟而收子。冬天草覆亦得取子，又得生茹供食。」按：今多為冬種春取葉，至夏乃收其子，仍如李時珍《本草綱目》所云：

> 蕓薹方藥多用，諸家註亦不明，今人不識為何菜，珍訪考之，乃今油菜也。九月十月下種，生葉形色微似白菜。冬春採薹心為茹，三月則老不可食。開小黃花四瓣如芥花，結莢收子亦如芥子，灰赤色。炒過榨油黃色，燃燈甚明，食之不及麻油。今人因有油利，種者亦廣云。

按：今稱薹心為菜薳，油即菜油，其應用與他植物油同。

五 芹莧菠稜

芹、ヒユ、ほうれん草

Celery, amaranth and spinach

芹本作蘄，省作芹。《爾雅》:「芹，楚葵。」註稱:「今水中芹菜。」宋羅願《爾雅翼》以為:「芹今舒蘄多有之。或曰蘄之為蘄，以有芹也，蘄即芹，亦有祈音。」是蘄（楚地）乃由芹而得名。至明李時珍作《本草綱目》，遂以為蘄應作蘄，以符芹意。他說:

蘄當作蘄，從艸蘄，諧聲也；後省作芹，從斤亦諧聲也。其性冷滑如葵，故《爾雅》謂之楚葵。《呂氏春秋》:「菜之美者，有雲夢之芹。」雲夢，楚地也，楚有蘄州蘄縣，俱音淇。羅願《爾雅翼》云:「地多產芹，故字從芹。蘄亦音芹。」徐鍇註《說文》:「蘄字從艸蘄。」諸書無蘄字，惟《說文》別出菥字，音銀，疑相承誤出也。據此，則蘄字亦當從蘄作蘄字也。

此雖均解釋蘄與芹的關係，也可知芹實產於蘄地，後乃轉播於各地的。

芹有水芹旱芹兩種，水芹生於水田濕地，旱芹則生於平地。古時多為水芹，如《詩·采菽》:「觱沸檻泉，言采其芹。」《泮水》:「思樂泮水，薄采其芹。」皆指的是水芹。《本草》云「水芹一名水英」。陶弘景註:「二三月作英時，可作菹及熟瀹食，故名水英。」按:今則冬春之交，即可採食。

因為《詩》有泮水採芹之說，後世遂以考中秀才稱為採芹，這雖與芹無直接關係，而卻是芹中的一個典歷。蓋古時始入學的，先釋奠於先師，又有釋菜，以菜為摯，故即採泮水（學宮前的水）的水草以薦。此水草有的為芹，也有為藻為茆的。

古人食芹最有名的，大約要推唐時的魏徵。據柳宗元《龍城錄》云:

魏左相忠臣讜論，贊襄萬機，誠社稷臣。有日退朝，太宗笑謂侍臣曰：「此羊鼻公不知遺何好，而能動其情？」侍臣曰：「魏徵好嗜醋芹，每食之欣然稱快，此見其真態也。」明旦，召賜食，有醋芹三杯。公見之，欣喜翼然，食未竟而芹已盡。太宗笑曰：「卿謂無所好，今朕見之矣。」公拜謝曰：「君無為故無所好。臣執作好事，獨癖此收斂物。」太宗默而感之。

惟唐孟詵《食療本草》卻說：「和醋食損齒。」則不知魏氏嗜食如此，其齒究損至如何耶？

莧字據宋陸佃《埤雅》云：「莖葉皆高大而見，故其字從見，指事也。」

莧的種類頗多，普通所食的為白莧，此外則有赤莧、紫莧、五色莧等，皆從色而分。宋蘇頌《本草圖經》云：

莧凡數種：「人莧」「白莧」俱大寒，亦謂之「糠莧」，又謂之「胡莧」，或謂之「細莧」，其實一也；但大者為白莧，小者為人莧耳。其子霜後方熟，細而色黑。「紫莧」莖葉通紫，吳人用染爪者，諸莧中惟此無毒不寒。「赤莧」亦謂之「花莧」，莖葉深赤，根莖亦可糟藏，食之甚美，味辛。「五色莧」今亦稀有。「細莧」俗謂之「野莧」，豬好食之，又名「豬莧」。「馬齒莧」雖名莧類，而苗葉與莧都不相似，一名「行五草」，以其葉青梗赤花黃根白子黑也。

按：細莧據李時珍《本草綱目》云：「即野莧，北人呼為糠莧，柔莖細葉，生即結子，味比家莧更勝。」與蘇說微異。蓋蘇說既以人莧白莧或謂細莧，又以細莧俗謂野莧，所分殊不明晰。大抵人莧白莧為一類，細莧為一類，而彼此不應再相混的。

又據《本草綱目》引張鼎云：「莧動氣令人煩悶，冷中損腹，不可與鱉同食，生鱉症。又取鱉肉如豆多，以莧菜封裹置土坑內，以土蓋之，一宿盡變成小鱉也。」汪機又云：「此說屢試有驗。」但據現在化學家實驗，實並無此理。陸佃《埤雅》以為：「青泥殺鱉，得莧復生，今人食鱉忌莧，其以此乎？」陸氏似也並不信此說法的。

又馬齒莧入藥中很有功用。鄭樵《通志》說它「葉間有水銀可燒取」，李時珍亦謂：「方士採取伏砒結汞，煮丹砂伏硫黃，死雄制雌，別有法度。」又如宋李絳《兵部手集》所云：

唐武相元衡苦脛瘡焮癢不可堪，百醫無效。廳吏上方馬齒莧搗爛，敷上兩三遍即癒。多年惡瘡，百方不瘥，或痛焮不已，並治。

則更可治惡瘡之用，倒是不可不知的。

此外「菠薐」亦為今人日常所食的蔬菜。菠薐簡稱「菠菜」，據《唐會要》云：「太宗時，尼婆羅國獻菠薐菜，類紅藍，實如蒺菜，火熟之能益食味。」又唐韋絢《劉禹錫嘉話錄》云：「菠薐種出自西國，有僧將其子來，云本是頗陵國之種，語訛為波棱耳。」按：尼婆羅或頗棱，實即今之伊朗，舊稱波斯。蓋此菜實為伊朗原產，至唐太宗時始傳入我國的。今則各地均有栽培，且以其耐寒，四時皆可採食。又有「赤根菜」（見王世懋《瓜蔬疏》）「鸚鵡菜」（見王象晉《群芳譜》）之稱，皆指其根為赤色而得名。

菠薐在古時只認為凡品，如王世懋云：「菠菜凡品，然可與豆腐並烹，故園中不廢。」又陳士良云：「微毒，多食令人腳弱發腰痛。」這都是不明究竟的說法，尤以陳說為荒謬，今則無不知菠薐最富於維他命 ABC，正可治腳氣病的。

六

萊菔蕪菁

Turnips

大根、カブ

萊菔俗稱「蘿蔔」，古又稱為「蘆菔」，皆字音的轉變。明李時珍《本草綱目》云：

> 萊菔上古謂之「蘆萉」，中古轉為「萊菔」，後世訛為「蘿蔔」，南人呼為「蘿瓟」，瓟與雹同，見晉灼《漢書》註中。陸佃乃言萊菔能制麵毒，是來牟之所服；以菔音服，蓋亦就義耳。

以萊菔可解麵毒，宋時確有此說，如宋羅願《爾雅翼》云：

> 昔有婆羅門東來，見食麥麵者，云：「此大熱，何以食之？」及見食中有蘿菔，曰：「賴有此以解之耳。」自此相傳，食麵必食蘿菔。

按：此說恐不可信。今北人終年食麵，未必中毒而常食萊菔的。又元王禎《農書》云：「北方蘿蔔一種而四名，春曰破地錐，夏曰夏生，秋曰蘿蔔，冬曰土酥。」是不過隨時而起名，未必有所不同的。

萊菔普通只食其根，根有紅有白，有長有圓，有小有大，甚大的有重至五六斤。據李時珍云：「大抵生沙壤者脆而甘，生瘠地者堅而辣。根葉皆可生可熟可菹可醬可豉可醋可糖可臘可飯，乃蔬中之最有利益者。」

萊菔據唐孫思邈《千金方》云：「生不可與地黃同食，令人髮白，為其澀營衛也。」此點宋時確有其例，如王君玉《國老談苑》云：「寇準年三十餘，太宗欲大用，尚難其少。準知之，遂服地黃兼餌蘆菔以反之，未幾髭髮皓白。」此外萊菔汁又可治咳嗽，頗有靈驗，如明人的《五色線》所述：

范濟略代巡述中州一代巡病嗽，久不癒，甚危，徵醫各府，歸德僅一老醫，年七十餘，病嗽亦劇。府官不得已，以之應命。行至一村，渴甚，叩民家求飲。其家以熱水一盂飲之，覺嗽似少止，再求一杯，又覺少癒，因詢此何水，其人答曰：「村野無茶，適煮蘿蔔乾，遂以奉用。」醫曰：「吾生平最喜食此，偶途中用盡，敢求少許。」其家饋以數升，醫食數日，嗽全癒。及見代巡，病與己同，診脈後出一方，因向代巡云：「藥須醫人自煎，恐他人煎不得法，藥難取效。」及煎時，潛以蘿蔔乾加入，數日代巡病癒，大神其技，給冠帶並與千金，遂成富室。

按：此當係事實，今醫家亦以為萊菔可以治嗽的。

蕪菁古又稱為「蔓菁」，今俗則稱為「大頭芥」，蓋其根甚大，故得是名。按：漢揚雄《方言》：「蘴蕘蕪菁也，陳楚之郊謂之蘴，齊魯之郊謂之蕘，關之東西謂之蕪菁，趙魏之郊謂之大芥，其小者謂之辛芥，或謂之幽芥。」是古時亦有大芥之稱的。惟蕪菁之義何在，則不得其詳。

又以為蘴與葑音同，於是《詩·穀風》「采葑采菲」的葑，註疏家也多認為即今蕪菁。又《爾雅》有「鬚薞蕪」之說，於是註疏家又承認鬚亦為蕪菁。這樣蕪菁的別稱格外多了，如宋邢昺《爾雅疏》云：「葑也，鬚也，蕪菁也，蔓菁也，薞蕪也，蕘也，芥也，七者一也。」這恐怕是錯的。倒不如宋鄭樵《通志》中所說「葑，菰根也，亦名蘱，故《爾雅》曰蘱葑蓯，又名蓯焉」較為確當。蓋葑蘱當是菰根，與蕪菁實不相涉的。

此外蕪菁在川滇又稱為「諸葛菜」，那倒是有來歷的。唐韋絢《劉禹錫嘉話錄》云：

公曰：「諸葛所止，令兵士獨種蔓菁者何？」絢曰：「莫不是取其才出甲可生啖一也，葉舒可煮食二也，久居隨以滋長三也，棄去不惜四也，回則易尋而采之五也，冬有根可劚食六也，比諸蔬屬，其利不亦溥乎？」曰：「信矣。三蜀之人亦呼蔓菁為諸葛菜，江陵亦然。」

又《雲南記》中亦稱此菜為諸葛菜，云：「武侯南征，用此菜蒔於山中以濟軍食。」按：今雲南大頭菜頗負盛名，各地均有出售，那倒是諸葛亮在先提倡之功了。

至於它的種類不一，如明李時珍《本草綱目》所云：「蔓菁六月種者根大而葉蠹，八月種者葉美而根小，惟七月初種者根葉俱良，擬賣者純種九英，九英根大而味短，削淨為菹甚佳，今燕人以瓶醃藏，謂之閉甕菜。」

蕪菁除食用外，其子尚可榨油燃燈，但其煙損目，北魏祖珽即因此而失明的，見《北史・祖珽傳》，不可不注意的。至如三國時劉備在曹營中，因種蕪菁得免害，那可說是蕪菁的惟一佳話了。《三國志・先主傳》註引胡沖《吳歷》云：

> 曹公數遣親近，密覘
> 諸將，有賓客酒食
> 者，輒因事害之。備
> 時閉門，將人種蕪
> 菁。曹公使人窺門，
> 既去，備謂張飛關羽
> 曰：「吾豈種菜者乎？
> 曹公必有疑意，不可
> 復留。」其夜開後棚
> 與飛等輕騎俱去。

後來宋陸游《蕪菁》詩云：「憑誰為向曹瞞道，徹底無能合種蔬。」就是這個底歷。

七　薯芋荸薺

Yam, taro, water nut

イモ・クログワイ

薯亦稱「山芋」，而實非芋類，大約以其塊根形似於芋，同可供食，以植於旱地或山地，故得是稱罷。古或稱藷藇、薯蕷、山藥等，如宋羅願《爾雅翼》云：

《山海經》曰：「景山北望少澤，其草多薯藇。」郭璞云：「根似芋可食，今江南人單呼為薯。」語或有輕重耳。按：薯藇二字或音如儲餘，范蠡《計然》曰「儲藇本出三輔，白色者善」是也。或音如署預，《本草》「薯蕷味甘溫」是也。唐代宗諱預，故呼薯藥。至本朝又諱上字（按：謂英宗諱曙），故今人呼為山藥，一名山芋，秦楚名玉延，鄭越名土薯。今近道處處有之，根既入藥，又復可食，人多掘食之以充糧。

此外又有一種「甘薯」，俗稱「番薯」，今亦混稱為山芋。據明徐光啟《農政全書》云：

薯有二種，其一名「山薯」，閩廣故有之；其一名「番薯」，則土人傳云，近年有人在海外得此種，海外人亦禁不令出境，此人取薯藤絞入汲水繩中，遂得渡海，因此分種移植，略通閩廣之境也。兩種莖葉多相類，但山薯植援附樹乃生，番薯蔓地生。山薯形魁壘，番薯形圓而長。其味則番薯甚甘，山薯為劣耳。蓋中土諸書所言薯者皆山薯也。

此海外據《閩書》謂：「萬曆中閩人得之呂宋國。」然晉嵇含《南方草木狀》中，已有甘薯之名，云：「甘薯蓋薯蕷之類，或曰芋之類，實如拳，有大如甌者，皮紫而肉白，蒸鬻食之，味如薯蕷，舊珠崖之地海中之人皆不業耕稼，惟掘種甘薯。秋熟收之，蒸曬切如米粒，倉圖貯之，以充糧糗，是名薯糧。」是晉時珠崖（在今廣東）已有其物，未必始於明時的；或閩地之有甘薯始於其時，故二書所載如此罷！

此外尚有「馬鈴薯」，俗稱「洋山芋」，為南美智利國原產，清時我國始有移植，最早在於福建，《松溪縣志》物產中始稱此物。又名「陽芋」，見清吳其濬《植物名實圖考》，陽當含洋之意。然其實非薯類，為茄科植物，惟其塊莖可供食物，與薯略同，故藉以為名罷！馬鈴則正取其形似，蓋如馬鈴略圓而同大小也。

芋今俗又稱「芋艿」。艿讀乃音，然其字實音仍，乃陳草未除新草又生相因仍之意。古稱芋亦僅為芋，無芋艿之說。艿或奶之誤或借用，說見後。

芋，《說文》以為：「大葉實根駭人，故謂之芋。」蓋於猶吁，疑怪的歎辭。然此所謂根，實地下莖之誤，蓋此莖埋於地下，故前人以為根了。

芋為東印度及馬來半島原產，其傳入我國，當在漢時，漢以前如《五經》中均沒有說到芋的。按：《史記·貨殖列傳》有：「汶山之下沃野，下有蹲鴟，至死不飢。」據註謂「有大芋如蹲鴟也」，因此後世又別稱芋為「蹲鴟」，言其狀如鴟的蹲貌。但也有反對其說，如宋羅願《爾雅翼》云：

卓王孫有云：「吾聞岷山（按即汶山）之下沃野，下有蹲鴟，至死不飢。」詳其始意，本謂壤土肥美，粒米狼戾，鴟鳶下啄因蹲伏不去耳。而前世相承，謂蹲鴟為芋，言蜀川出者，形圓而大，狀若蹲鴟云。芋或訛作羊，故南朝有謝人饋羊者，以蹲鴟為言，顏之推記之以訓子孫。唐開元中，蕭嵩奏請註《文選》，東宮衛佐馮光進解蹲鴟，云今之芋子，即是著毛蘿蔔，嵩聞大笑。又芋之大者前漢謂之「芋魁」，《後漢書》謂之「芋渠」，渠魁皆言大也。

至以芋訛羊，據《顏氏家訓》云：「江南有一權貴，誤讀誤本《蜀都賦》註解蹲鴟芋也，乃為羊字，人饋羊肉，答云：損惠蹲鴟，舉朝驚駭。」

芋的種類古今分法不一：晉郭義恭《廣志》云凡十四等，為君子芋、草穀芋、鋸子芋、旁巨芋、青浥芋、淡善芋、蔓芋、雞子芋、百果芋、旱芋、九面芋、象空芋、青芋、素芋。唐蘇恭《本草注》則分六種，為青芋、紫芋、真芋、白芋、連禪芋、野芋。他說：

> 「青芋」多子，細長而毒多，初煮須灰汁，更易水煮，乃堪食爾。「白芋」「真芋」「連禪芋」「紫芋」並毒少，正可煮啖之，兼肉作羹甚佳；蹲鴟之饒，蓋謂此也。「野芋」大毒不可啖之。關陝諸芋遍有，山南江左惟有青白紫三芋而已。

至明黃省曾作《種芋法》，言其種頗詳，且兼及各地，玆亦引載於此，以供參考。

芋，《本草》謂之「土芝」，蜀謂之「蹲鴟」，前漢謂之「芋魁」，後漢謂之「芋渠」。葉俞縣有「百子芋」。新鄭有「博士芋」，蔓生而根如鵝鴨卵。今有「南京芋」，煮之可拈皮而食，甘滑異於他品。茅山有「紫芋」。吳郡所產大者謂之「芋頭」，旁生小者謂之「芋奶」，種之水田者為「水芋」。《廣雅》曰：「藉姑，水芋也，亦曰烏芋。」《本草》：「烏芋一名水萍，一名槎牙，一名茨菰，一名鳧茨。」《毗陵錄》謂之燕尾草，以其葉如椏也；又名田酥，狀如澤瀉，不正似芋，根黃而小，恐自為一種，非土芝之水芋也。《吉安錄》：「有乾濕二種，濕名水芋，乾名黃芋，味差劣。」《松志》：「蘇之西境多水芋，以芋魁為旱芋，嘉定名之博羅。」又有皮黃肉白，甘美可食，莖葉如扁豆而細，謂之「香芋」。

按：藉姑實即今之慈姑，其球莖略如芋形，亦可供食，但實非芋類，故黃氏亦疑其非。

芋的煮法，據說最好是「去皮濕紙包，煨之火過熟，乃熱啖之，則鬆而膩，乃能益氣充飢」。(《東坡雜記》引吳遠遊語）蘇軾又稱芋羹為「玉糝羹」，他有《玉糝羹》詩云：「香似龍涎仍釅白，味如牛乳更全清。莫將南海金齏膾，輕比東坡玉糝羹。」又宋林洪《山家青供》述芋可作糕，其法云：

向杭雪分兗，夏日命飲，作大耐糕，意必粉麵為之。及出，乃用大芋生者去皮剜心，以白梅甘草湯焯用蜜和松子欖仁填之，入小甑蒸熟為孛宗也，取先公大耐官職之意。

這確是別開生面的作法，為前所未聞的。又芋梗尚有治蜂螫之效，如宋沈括《夢溪筆談》云：

處士劉陽隱居王屋山，見一蜘蛛為蜂所螫，墜地腹鼓欲裂，徐行入草，嚙破芋梗，以瘡就嚙處磨之良久，腹消如故，自後用治蜂螫有驗。

此外唐孟詵《食療本草》，又說「芋煮汁洗膩衣白如玉也」，這倒是我們日常所應知的常識。

也是栽於水中或水田裡尚有「荸薺」，其所食部分也如芋為地下莖，不過形狀如球，故稱地下球莖。此果在古時有許多異稱，如李時珍《本草綱目》云：

「烏芋」其根如芋，而色烏也。鳧喜食之，故《爾雅》名「鳧茈」，後遂訛為「鳧茨」，又訛為「葧臍」，蓋切韻鳧葧同一字母，音相近也。「三棱」「地栗」皆形似也。

按：今則通作荸薺，如明王世懋《瓜蔬疏》云：「荸薺方言曰地栗，亦種淺水，吳中最盛，遠貨京師為珍品，色紅嫩而甘者為上。」可知明時已有如此寫法的。荸字實新造，薺則係借用，即由葧臍二字改變而來，但取音似，實無意義可言。至烏芋古實作為慈姑的別稱，如陶弘景《名醫別錄》即以為「烏芋一名藉姑」，藉姑即今所謂慈姑，而李時珍則又以為「烏芋慈姑原是二物」，至清吳其濬《植物名實圖考》又從陶說以為：「烏芋即慈姑，諸家誤以葧臍為烏芋。」就字義而論，慈姑實類芋，但其色不烏，荸薺實不類芋，但其色卻烏。今植物學家多從李說，以烏芋為荸薺的。

至荸薺的種類實不多，仍引李氏之說云：

鳬茈生淺水田中，其苗三四月出土，一莖直上，無枝葉，高二三尺。其根白蒻，秋後結顆，大如山查栗子，而臍有聚毛纍纍，下生入泥底。野生者黑而小，食之多滓；種出者紫而大，食之多毛。生食熟食皆良。

按：李氏所謂根，實為地下球莖，已如上述。至「臍有聚毛纍纍」，則葧臍之名，或者由此而來。又吳瑞云：「小者名鳧茈，大者名地栗。」今殊無此分別了。

八

蕈菇木耳

Mushrooms and fungus

キノコ、木耳

蕈字從艸從覃，據明潘之恆《廣菌譜》云：「覃，延也，蕈味雋永，有覃延之意。」古又稱「椹」，如晉張華《博物志》云：「江南諸山郡中大樹斷倒者，經春夏生菌，謂之椹，食之有味。」今又稱「菰」，則據宋蘇頌《本草圖經》云：

《爾雅》云：「出隧蘧蔬。」註云：「生菰草中，狀似土菌，江東人啖之甜滑。」即此也，故南方人至今謂菌為菰，亦緣此義。

是由菰草借稱而來，宋時已屬如此。此外還有一種稱為「耳」的，如木耳、石耳之類。據《廣菌譜》云：

木菌即「木耳」，生於朽木之上，無枝葉，乃濕熱餘氣所生，亦名「木檽」「木樅」「樹雞」「木蛾」，曰耳曰蛾，象形也；曰檽，以軟濕為佳也；曰樅曰雞，因味似也，南楚人謂雞為樅；曰菌，亦象形於蜖，乃貝子之名。或云地生為菌，木生為蛾，北人曰蛾，南人曰蕈。

其實蕈耳均是菌類，菌是總名，如傘狀的則謂之蕈，而味較佳；如耳狀的則謂之耳，味並不美，須加以他料，這是現在的分法。

專載蕈類的有宋陳仁玉的《菌譜》，乃專錄今浙江仙居的蕈類，共得合蕈、稠膏蕈、栗殼蕈、松蕈、竹菌、麥蕈、玉蕈、黃蕈、紫蕈、四季蕈、鵝膏蕈十一類。原書頗詳，茲摘錄如下：

「合蕈」質外褐色，肌理玉潔，芳薌韻味，發釜鬲聞百步外。舊傳昔嘗上進，標以台蕈，上遙見誤讀，因承誤云。「稠膏蕈」土人謂稠木膏液所生耳，獨此邑所產，故尤可貴。「栗殼蕈」稠膏將盡栗殼色者。「松蕈」生松陰，採無時。「竹菌」生竹根，味極甘。「麥蕈」多生溪邊沙壤鬆土中，味殊美，絕類北方蘑菇。「玉蕈」生山中，色潔皙。「黃蕈」叢生山中，挹鬱黃色。「紫蕈」頳紫色，品為下。「四季蕈」生林木中，肌理粗峭，不入品。「鵝膏蕈」生高山，狀類鵝子，甘滑不謝稠膏。

按：合蕈實即香蕈，《本草綱目》引吳瑞曰：「蕈生桐柳枳椇木上，紫色者名香蕈，白色者名肉蕈，皆因濕氣熏蒸而成。」又汪穎曰：「香蕈生深山爛楓木上，黑色味甚香美，最為佳品。」按：今香蕈各地均有，福建所產尤多，採於冬季的又叫「冬菰」，採於春季的又叫「春菰」，而以冬菰為佳，蓋形大而肉厚。此外據《廣菌譜》所載，尚有「天花蕈」出五台山，「雞㙡蕈」出雲南，「雷蕈」出廣西橫州，皆類香蕈云。其次則為「蘑菰」，據《廣菌譜》云：

> 磨菰蕈出東淮北山間，埋桑楮木於土中，澆以米泔，待菰生採之，長二三寸，本小末大，白色柔軟。其中空虛，如未開玉簪花，俗名「雞足磨菰」，謂其味狀相似也；一種狀如羊肚有蜂窠眼者，名「羊肚菜」。

此外據《廣菌譜》所載，猶有「杉菌」「皂角菌」「竹蓐」「萑菌」「舵菜」，即生於杉皂竹萑及舶舵上的，有可食不可食。又有「鍾馗菌」「鬼菌」，亦不食供藥用而已。此外屬於耳類，有桑槐楮榆柳五木耳及地耳石耳之屬。「地耳」生於地，「石耳」生於石，皆狀如木耳，可以供食，但普通所食以木耳為多。木耳亦不限於五木，李時珍所謂：「木耳各木皆生，然今貨者亦多雜木，惟桑柳楮榆之耳為多云。」其色有黑黃赤白四種，據張仲景云：「木耳赤色及仰生者並不可食。」所以普通只有三種。據《本草經》云：「黑者主女子漏下赤白汁。」又《別錄》云：「療月水不調。其黃熟陳白者，止久泄，益氣不飢。其金色者，治癖飲積聚，腹痛金瘡。」按：黃與白色，今多通稱為「白木耳」，或稱「銀耳」，醫家認為補品，即所謂益氣的緣故罷！尤以產於四川者為最有名。其實依營養上分析，白木耳實不如黑木耳，並無特別可取的地方。

蕈耳往往有毒，此種鑒別法，據唐陳藏器《本草拾遺》所載，有下列諸種：

菌冬春無毒，夏秋有毒，有蛇蟲從下過也。夜中有光者，欲爛無蟲者，煮之不熟者，煮訖照人無影者，上有毛下無紋者，仰卷赤色者，並有毒殺人。中其毒者，地漿及糞汁解之。

又陳仁玉《菌譜》云：「凡中其毒者必哭，解之宜以苦茗雜白礬勺新水並嚥之，無不立癒。」又汪穎以為：「凡煮菌投以薑屑飯粒，若色黑者殺人，否則無毒。」這倒是給喜食野菌的一個妥善方法。

九

蔥韭蒜薑

Spring onion, leek, garlic and ginger root

葱、韮、ニンニク、生姜

蔥字從艸從悤，明李時珍《本草綱目》以為：「外直中空有悤通之象也。」蓋蔥之為物，其葉中空而挺直，故李氏云爾。又宋陶穀《清異錄》云：「蔥即調和眾味，文言謂之和事草。」故又有「和事草」之名。又因諸餚均可用之，有「菜伯」之稱。

蔥的種類很多，《本草綱目》引韓保昇云有四種：

蔥凡四種，「冬蔥」即凍蔥也，夏衰冬盛，莖葉俱軟美，山南江左有之。「漢蔥」莖實硬而味薄，冬即葉枯。「胡蔥」莖葉粗硬，根若金燈。「茖蔥」生於山谷，不入藥用。

李時珍又云：「冬蔥即慈蔥，或名太官蔥，謂其莖柔細而香，可以經冬，太官上供宜之，故有數名。漢蔥一名木蔥，其莖粗硬，故有木名。」他又說：「蔥初生，曰蔥針，葉曰蔥青，衣曰蔥袍，莖曰蔥白，葉中涕曰蔥苒。」按：今則通分為大蔥與小蔥兩種，大蔥即夏蔥，小蔥即冬蔥，由其葉的大小而分。原產西伯利亞阿爾泰山地方。所謂蔥嶺，即由其山生蔥而得名。我國古時就有，如《禮記．曲禮》：「凡進食之禮，蔥渫處末。」渫即蒸蔥也。又《內則》：「膾春用蔥。」是進食均須用蔥，吃肉更須加蔥以佐味的。

此外古又有一種「鹿蔥」，則雖名為蔥，實非蔥類，而是萱草的異稱，如宋陸佃《埤雅》云：

> 草之可以忘憂者，故曰「諼草」，諼忘也。《詩》曰：「焉得諼草，言樹之背。」言以憂思不能自遣，故欲以此華樹之背也。董子曰：「欲忘人之憂，則贈之丹棘，一名忘憂；欲蠲人之忿，則贈之以青堂，青堂一名合歡。」嵇康《養生論》以為合歡蠲忿，萱草忘憂，即此是也。亦或謂之「鹿蔥」，蓋鹿食此草，故以名云。《本草》亦曰萱草一名鹿蔥，華名「宜男」。周處《風土記》云：「懷妊婦人佩華生男也。」

然亦認為是兩種，如明王象晉《群芳譜》云：

鹿蔥色頗類萱，但無香爾。鹿喜食之，故以命名。然葉與花莖皆各自一種：萱葉綠而尖長，鹿蔥葉團而翠綠；萱葉與花同茂，鹿蔥葉枯死而後花，萱一莖實心而花五六朵節開，鹿蔥一莖虛心而花五六朵並開於頂；萱六瓣而光，鹿蔥七八瓣。《本草》註云「萱即今之鹿蔥」誤。

而李時珍《本草綱目》則又評其非，以為：「或言鹿蔥花有斑文與萱花不同時者，謬也。肥土所生，皆花厚色深有斑文起重台，開有數月；瘠土所生，花薄而色淡，開亦不久。」又云：「今東人採其花跗乾而貨之，名為黃花菜。」按：此實即今之所謂「金針菜」，佐以木耳，常為素食的佳品云。

此外尚有一種「**玉蔥**」，俗稱「洋蔥」，地下有鱗莖作扁圓狀，可供菜食。為中亞細亞原產，我國古時卻未見有記載的，直至近年方由外方輸入而加栽培。因含有特種的揮發油，所以煮熟後並無十分辛臭。皮色有褐黃赤白數種，以赤皮為最佳，因其極耐貯藏的緣故。

與蔥相似的則為「韭」，俗亦作韮，但徐鉉《說文注》云：「韭刈之復生，異於常草。」故自為字，加艸殊非。韭象韭在地上叢生之象，一即地也，又因其久生，故音久。又因性溫，稱為「**草鐘乳**」。《禮記．曲禮》又有「韭曰豐本」之說，故又名「豐本」，亦言刈之復生之意。《內則》稱「豚春用韭」，故其效用實與蔥同。其種實為我國原產，有山韭水韭之分。「山韭」《爾雅》又謂之「藿」；「水韭」生於池塘中。然普通多栽於園圃，亦如蔥一般，無分山水。據《群芳譜》云：「韭莖名韭白，根名韭黃，花名韭菁。」今除供調味外，又用壅白方法，使其辛臭少而質脆嫩，即俗稱「韭芽」者是。其法有二，一於冬季密植溫床中，使勿露陽光；一將韭葉於地面一寸五分處切斷，覆礱糠或馬糞於其上，則翌春便有黃白色嫩芽發生。普通所食，即以這一種為多，而不作調味用的。

又與蔥相似的則為「蒜」，又有大蒜小蒜之分。據宋羅願《爾雅翼》云：「大蒜為葫，小蒜為蒜。」按：孫愐《唐韻》云：「張騫使西域始得大蒜胡荽。」則大蒜出於｜**胡地**｜，故有葫名，小蒜似為中土舊有。但李時珍《本草綱目》以為：「瓣少者為小蒜，瓣多者為大蒜，其野生小蒜，別為山蒜。」則蒜實均非我國原產，故於古無聞。蒜的辛臭較蔥韭為烈，故普通只採其葉以為調味。惟北方亦食其莖，那是有特嗜食性的原因，非南方人所能食的。

至於「胡荽」就是現在所謂「香菜」，亦作為調味之用。荽《說文》作葰，云：「薑屬可以香口也。」李時珍以為：「其莖柔葉細而根多鬚，綏綏然也。張騫使西域始得種歸，故名胡荽。今俗呼為蒝荽，蒝乃莖葉佈散之貌。俗作芫花之芫，非矣。」又唐陳藏器《本草拾遺》云：「石勒諱胡，故並汾人呼胡荽為香荽。」按：胡荽據中國舊醫說有辟魚肉毒之功，故今人每食雞鴨肉之類，輒與之同食。據說種此物須誦猥語則茂，因此宋時便有一個笑話，不得不附在這裡，以為讀者解頤。宋釋文瑩《湘山野錄》云：

沖晦處士李退夫者，攜一子遊京師，居北郊別墅，帶經灌園，持古風外飾。一日，老圃請撒園荽，即《博物志》張騫西域所得胡荽是也。俗傳撒此物須主人口誦猥語，播之則茂。退夫固矜純節，執菜子於手撒之，但低聲密誦曰：「夫婦之道，人倫之性。」云云不絕於口。無何客至，不能訖事，戒其子使畢之。其子尤矯於父，執餘子咒之曰：「大人已曾上聞。」皇祐中，館閣以為雅戲，凡淡話清談，則曰：「宜撒園荽一巡。」

這樣故事，是無怪當時成為話柄的。

最後要說到「薑」了。薑字《說文》作蘁，云：「禦濕之菜也。」按：王安石《字說》：「薑能強禦百邪，故謂之薑。」薑亦為調味解腥之用，故可說能強禦百邪的。

按：薑為東印度原產，其移植於我國卻很早，《禮記・內則》有「楂梨薑桂」，孔子有「不撤薑食」之說，見《論語・鄉黨》，可知周時用薑已很廣的。說者謂薑係辛物，與上述諸物之有臭味者不同。古時本有五葷之說，葷菜即臭菜也，如徐鉉《說文注》云：「葷，臭菜也，通謂蕓薹、椿、韭、蔥、蒜、阿魏之屬，方術家所禁，謂氣不潔也。」又宋羅願《爾雅翼》云：「西方以大蒜、小蒜、興渠、慈蒜、茖蔥為五葷，道家以韭、蒜、蕓薹、胡荽、薤為五葷。」後世乃以魚肉腥氣為葷，實非。孔子於食本很講究，其所以不撤薑食，即以非葷臭不潔之故。

但薑雖可常食，究竟是辛辣之物，過多亦非所宜，誠如李時珍說：「食薑久積熱患目殄，屢試有準。」這話恐怕是對的。薑除了調味以外，又可醋醬糟鹽，或加以蜜煎，故與上列諸物，其為用殊較廣博的。

一〇 瓜瓠茄子

Melon, gourd and eggplant

瓜、茄子

瓜字正象瓜實在鬚蔓之間的形狀，此在我國最古就有了的。但瓜的種類很多，究竟古人所食是哪一種瓜，卻頗有考查的必要。按：晉郭義恭《廣志》云：

瓜之所出，以遼東、廬江、燉煌之種為美。有烏瓜，魚瓜，狸頭瓜，蜜筩瓜，女臂瓜，龍蹄瓜，羊髓瓜，縑瓜。瓜州大瓜如斛，御瓜也。有青登瓜大如三斗魁。有桂枝瓜長二尺餘。蜀地溫良，瓜至冬熟。有春白瓜細小小瓣宜藏，正月種三月熟。有秋泉瓜秋種十月熟，形如羊角，色蒼黑。

以上所說，實均為甜瓜，亦稱「香瓜」，如李時珍《本草綱目》云：

甜瓜北土中州種蒔甚多，二三月下種延蔓而生葉，大數寸，五六月花開黃色，六七月瓜熟。其類最繁，有團有長，有尖有扁，大或徑尺，小或一捻；其棱或有或無；其色或青或綠，或黃斑糝斑，或白路，黃路；其瓤或白或紅，其子或黃或赤，或白或黑。按：王禎《農書》云：「瓜品甚多，不可枚舉。以狀得名，則有龍肝，虎掌，兔頭，狸首，羊髓，蜜筒之稱；以色得名，則有烏瓜，白團，黃瓤，白瓤，小青，大斑之別；然其味不出乎甘香而已。《廣志》惟以遼東墩煌廬江之瓜為勝，然瓜州之大瓜，陽城之御瓜，西蜀之溫瓜，永嘉之寒瓜，未可以優劣論也。甘肅甜瓜皮瓤皆甘勝糖蜜，其皮暴乾猶美。浙中一種陰瓜種於陰處，熟則色黃如金，膚皮稍厚，藏之至春，食之如新。此皆種藝之功，不必拘以土地也。」

由此所述，已可盡甜瓜的大概了。至浙中陰瓜，實即今所謂「黃金瓜」，亦即永嘉的寒瓜。李氏於南瓜條下以為即南瓜，又於西瓜條下以為即西瓜，矛盾實多，於此即不攻而自破了。

甜瓜多為生啖，作膳用的很少。此外如越瓜、黃瓜，則生啖膳用都可以了。「越瓜」據唐陳藏器《本草拾遺》云：「生越中，大者色正白，越人當果食之，亦可糟藏。」又李時珍《本草綱目》云：「俗名稍瓜，南人呼為菜瓜。」蓋以地則稱越，以可作菜食則稱菜。他又說：「瓜有青白二色，大如瓠子，一種長者至二尺許，俗呼羊角瓜。其瓜生食，可充果蔬，醬豉糖醋藏浸皆宜，亦可作菹。」按：今所謂醬瓜，即多用菜瓜作的。明王世懋《瓜蔬疏》所謂：「瓜之不堪生啖而堪醬食者曰菜瓜。以甜醬漬之，為蔬中佳味。」其實生啖也並非全無滋味的。

黃瓜本稱「胡瓜」，陳藏器云：「北人避石勒諱，改呼黃瓜，至今因之。」李時珍云：「張騫使西域得種，故名胡瓜。」按：杜寶《拾遺錄》云，隋大業四年避諱，改胡瓜為黃瓜，與陳氏之說微異。黃瓜亦如菜瓜，生食之外又可醬糟，俗亦稱為醬瓜，惟瓜形較菜瓜為小，滋味也不及的。按：《禮記．月令》：「仲夏之月，王瓜生。」後人頗多誤王瓜即黃瓜，然據李時珍云：

王瓜三月生苗，其蔓多鬚，嫩時可茹。其葉圓如馬蹄而有尖，面青背淡，澀而不光。六七月開五出小黃花，成簇結子纍纍，熟時有紅黃二色，皮亦粗澀，根不似葛，但如栝樓。根小者澄粉甚白膩，須深掘二三尺乃得正根。江西人栽之沃土，取根作蔬食，味如山藥。

是王瓜並非黃瓜，完全是兩物的。

此外有「冬瓜」，則專供膳食。據李時珍云：「冬瓜以其冬熟也。又賈思勰《齊民要術》云，冬瓜正二三月種之，若十月種者結瓜肥好，乃勝春種。則冬瓜之名，或又以此也。」又以成熟後皮上分泌白蠟，故古又有「白瓜」之稱。李氏又云：「其瓤謂之瓜練，白虛如絮，可以浣練衣服。洗面澡身，去鼾黯令人悅澤白皙。」這倒是可作肥皂之用了。又如宋張世南《遊宦紀聞》云：

董季與昔嘗為世南言，沙隨先生紹與丙午苦淋血之疾，兩年不瘉。明年七月二十四日筮易，遇渙之觀，其辭曰：「渙奔其机悔亡。」俄夢知大冶縣趙定叟相訪，定叟名不疚，疚久病也，言不久病也。偶董閱《本草》，因見白冬瓜治五淋，於是日食三大甌，七日而瘉。前此百藥皆無效。董，沙隨先生之婿也，先生嘗書此事於家廟之壁。

按：甄權註《本草》云：「冬瓜絞汁服，止煩躁熱渴，利小腸治五淋，壓丹石毒。」但此恐僅能利淋而已，要想根絕怕是未見得罷！

與冬瓜同可供膳食的則為「南瓜」。南瓜於古無聞，李時珍以為：「種出南番，轉入閩浙，今燕京諸處亦有之矣。按：王禎《農書》云，浙中一種陰瓜，宜陰地種之，秋熟色黃如金，皮膚稍厚，可藏至春，食之如新，疑即南瓜也。」是明時方才有南瓜的。然陰瓜實非南瓜，說詳前。又據王象晉《群芳譜》，別有「番南瓜」一種，云：「番南瓜實之紋，如南瓜而色黑綠，蒂頗尖，形似葫蘆。」是南瓜為扁圓形，即今所謂「荸薺南瓜」者是，番南瓜則長圓形，是其分別。然兩種皆來自外方，今均稱為南瓜或番瓜了。據李時珍云：「南瓜同豬肉煮食更良，但不可同羊肉食，令人氣壅。」又云「多食發腳氣黃疸」，則不知有是理否？

最後說到「西瓜」，於最古亦無所聞，其稱為西當自西方來，正如南瓜的來自南番。據五代胡嶠《陷北記》云：「入平川始食西瓜，云契丹破回紇得此種，以牛糞覆棚而種，大如中國冬瓜而味甘。」其後宋洪皓使金，遂攜其種以歸。所以明劉元卿《賢弈篇》云：

中國初無西瓜，見洪忠宣皓《松漠紀聞》。蓋使金國貶遞陰山，於陳王悟室得食之，云種以牛糞，結實大如斗，絕甘冷，可蠲暑疾。《丹鉛餘錄》引五代郃陽令胡嶠《陷北記》云：「於回紇得瓜，名曰西瓜。」其言與忠宣同，以為五代始入中國。按：忠宣使金乃稱創見，則嶠嘗之於陷北之日，而不能種之於中國也。其在中土，則自靖康而後；其在江南，或忠宣移種歸耳。

是我國之有西瓜，實始於宋時。但李時珍獨以為：「陶弘景注瓜蒂，言永嘉有寒瓜甚大，可藏至春者，即此也。蓋五代之先，瓜種已入浙東，但無西瓜之名，未遍中國耳。」是梁時已有其瓜，惟猶無西瓜之名，此說實非，蓋既為西瓜，決不會永嘉獨有；而且可藏至春，也決非西瓜一種，冬瓜南瓜也可如此的。此寒瓜實為甜瓜的一種，說已詳前。按：今植物學家研究，西瓜為南非洲原產，其傳入中國，或不能過早的。種類頗多，誠如李時珍所說：「實有圍及徑尺者；長至二尺者；其棱或有或無；其色或青或綠；其瓤或白或紅，紅者味尤勝；其子或黃或紅或黑或白，白者味更劣；其味有甘有淡有酸，酸者為下。」又據明王世懋《瓜蔬疏》云：「吾地（按指太倉）以蔣福柵橋二處為絕品，然家園中所種色青白而作枕樣者便佳，不必蔣柵也。」按：今滬人亦以枕樣者為佳，出於浙江平湖的尤有名，俗稱「平湖枕瓜」云。又李時珍云：「以瓜劃破曝日中少頃，食即冷如冰也。得酒氣近糯米即易爛，貓踏之即易沙。」凡此皆不知是否為李氏經驗之談，倒可一試究竟的。

此外尚有一種「絲瓜」，也可供食用，但通常多待瓜老之後，取其筋絡以為洗滌釜器之用。李時珍云：

此瓜老則筋絲羅織，故有「絲羅」之名。昔人謂之「魚鰦」，或云「虞刺」，始自南方移來，故云「蠻瓜」。唐宋以前無聞，今南北皆有之，以為常蔬。二月下種，六七月開黃花。其瓜大寸許，長一二尺，甚則三四尺，深綠色有皺點，瓜頭如鱉首。嫩時去皮，可烹可曝，點茶充蔬。老則大如杵，筋絡纏紐如織成，經霜乃枯，惟可藉靴履滌釜器，故村人呼為「洗鍋羅皮」。

又有一種「苦瓜」，以其味苦而得名。又以瓜有皺紋如荔枝而大，亦名「錦荔枝」。徐光啟《農政全書》云「又名癩葡萄」，蓋亦象其形狀，驟視如葡萄然。據李時珍云：

苦瓜原出南番，今閩廣皆種之。五月下子，生苗引蔓，莖葉鬈鬚並如葡萄而小。七八月開小黃花，結瓜長者四五寸，短者二三寸，青色，皮上痱瘰如癩，及荔枝殼狀。熟則黃色自裂，內有紅瓤裡子，瓤味甘可食。其子形扁如瓜子，亦有痱瘰。南人以青皮煮肉及鹽醬充蔬，苦澀有青氣。

按：此瓜古亦未聞，明費信《星槎勝覽》云：「蘇門答剌國一等瓜皮若荔枝，未到時甚臭如爛蒜，剖開如囊，味如酥，香甜可口。」疑即此苦瓜了，或在明時由該地傳入我國的。

與瓜相似的尚有「葫蘆」，今植物學家即以瓜與葫蘆同屬於葫蘆科。我國古時又有壺瓠匏瓢等稱，壺亦稱為壺盧，如晉崔豹《古今注》云：

「匏」，瓠也。「壺盧」，瓠之無柄者也。瓠有柄者曰「懸瓠」，可以為笙，曲沃者尤善，秋乃可用之，則漆其裡。「瓢」亦瓠也，瓠其總瓢其別也。

是以匏瓠為一種，壺盧為一種。此說古皆如此，然至宋陸佃作《埤雅》則反對其說，他云：

長而瘦上曰「瓠」，短頸大腹曰「匏」。《傳》曰「匏謂之瓠」，誤矣；蓋匏苦瓠甘，復有長短之殊，定非一物也。

此《傳》乃指《詩經・毛傳》，其傳《匏有苦葉》云：「匏謂之瓠，瓠葉苦不可食也。」至明李時珍作《本草綱目》，則分別更明，他說：

「壺」，酒器也；「盧」，飯器也，此物各象其形，又可為酒飯之器，因以名之，俗作葫蘆者非矣。「葫」乃蒜名，「蘆」乃葦屬也。其圓者曰「匏」，亦曰「瓢」，因其可以浮水如泡如漂也；凡蓏屬皆得稱瓜，故曰「瓠瓜」「匏瓜」。古人壺瓠匏三名皆可通稱，初無分別。後世以長如越瓜首尾如一者為「瓠」，音護。瓠之一頭有腹長柄者為「懸瓠」，無柄而圓大形扁者為「匏」，匏之有短柄大腹者為「壺」，壺之細腰者為「蒲盧」，各分名色，迥異於古，以今參詳，其形狀雖各不同，而苗葉皮子性味則一。懸瓠今人所謂茶酒瓢者是也，蒲盧今之藥壺盧是也。

是以壺盧為總名，即俗所謂葫蘆，長者為瓠，扁圓者為匏，大腹者為壺，細腰者為蒲盧，實為同種，不過實的形狀有異而已。又按：明王象晉《群芳譜》云：「瓠子江南名扁蒲。」按：浙東一帶又稱「夜開花」，云其花於夜間開的。

壺盧之類在古時大約是不重食用而重其可為器用的，所以如宋陶穀《清異錄》云：「瓠少味無韻，葷素俱不相宜，俗呼淨街槌。」又如《盧氏雜說》云：

> 鄭餘慶清儉有重德，一日忽召親朋官數人會食，眾皆驚。朝僚以故相望重，皆凌晨詣之。至日高餘，餘慶方出，閒話移時，諸人皆枵然。餘慶呼左右曰：「處分廚家，爛蒸去毛，莫拗折項。」諸人相顧，以為必蒸鵝鴨之類。逡巡舁台盤出醬醋，亦極香新。良久就餐，每人前下粟米飯一碗，蒸葫蘆一枚。相國餐美，諸人強進而罷。

可知此物在當時極為賤視的，鄭氏此舉，未免委屈一般朝僚了。

此外尚有一種「茄子」，雖非瓜類，而也如瓜瓠可供食用，茲亦附說於此。

茄子一名「落蘇」，又有「崑崙瓜」之稱。而茄本不讀伽音，如唐段成式《酉陽雜俎》云：

> 茄子茄字，本蓮莖名，革遐反；今呼伽，未知所自。成式因就節下食有伽子數蒂，偶問工部員外郎張周封伽子故事，張云：「一名落蘇，事具《食療本草》，此誤作。」《食療本草》元出《拾遺本草》，成式記得隱侯《行園詩》云：「寒瓜方臥壟，秋菰正滿陂。紫茄紛爛漫，綠芋鬱參差。」又一名「崑崙瓜」。嶺南茄子宿根成樹，高五六尺，姚向曾為南選使親見之。

按：茄子實為印度原產，其傳入中國，當在六朝之間，漢王褒《僮約》所謂「別茄披蔥」，此茄恐怕猶非後來的茄。大約字乃借用，音或從其原來伽音的。其名落蘇，據宋陸游《老學庵筆記》云：「茄子一名落蘇，或云錢王有子跛足，以聲相近，故惡人言茄子；亦未必然。」此或云只是傳說而已，故陸氏亦未信其說。又李時珍《本草綱目》云：「按：《五代貽子錄》作酪酥，蓋以其味如酪酥也，於義似通。」是又以落蘇為酪酥之誤。不知原意確實如此否？至崑崙瓜據杜寶《大業拾遺錄》云：「隋煬帝改茄子為崑崙紫瓜。」其稱崑崙，當係傳自西方之意。

茄的種類普通有青茄、紫茄、白茄。白茄亦名銀茄，更勝於青茄，產於北方，南方則以紫茄為多。據元王禎《農書》云：

一種「渤海茄」，白色而堅實。一種「番茄」，白而扁，甘脆不澀，生熟可食。一種「紫茄」，形紫華長，味甘。一種水茄，形長味甘，可以止渴。

按：此番茄與今之番茄不同，現在的番茄雖亦扁圓形，但均為紅色或黃色，沒有作白色的，原為南美秘魯原產，近年始傳入我國，而營養成份較他茄為豐的。

一一 梅杏

Plums and apricots

梅、杏

梅本作呆，象子在木上的形狀。梅與杏相似，所以反杏為呆。字本從廿從木，書家訛作甘木，遂作某字。某字後來又作為不知名的意思，於是字又作梅。但梅如《爾雅》所釋，本為楠木，後人以其音同而借用的。到了現今，呆某既已不用，梅也專訓作梅，不再為楠木了。

梅在最古時候，並不被人重視，如《書說命》：「若作和羹，爾惟鹽梅。」據《傳》：「鹽鹹梅醋，羹須鹹醋以和之。」只當它是一種酸物，作為調味之用。《禮記・內則》中亦有「桃諸梅諸卵鹽」之說，諸即是菹，就像現在的藏桃藏梅，吃時和以卵鹽，就是大塊的鹽。都是說到它的果實方面，可供吃用而已。至後世則大稱讚其花，如宋范成大《梅譜》云：「梅天下尤物，無問智賢愚不肖，莫敢有異議。學圃之士，必先種梅，且不厭多，他花有無多少，皆不繫重輕。」隱然有花中王之意。宋張鎡《玉照堂梅品》，也有「梅花為天下神奇，而詩人尤所酷好」之說。是梅花之稱為神奇，蓋由詩人酷好而來。此風雖始於六朝，而實甚於唐宋，如宋楊萬里《和梅詩序》云：

> 梅肇於炎帝之經，著於《說命》之書，《召南》之詩，然以滋不以象，以實不以華也。豈古之人，皆質而不尚其華歟？然華如桃李，顏如舜華，不尚華哉？而獨遺梅之華何也？至楚之騷人飲芳而食菲，佩芳馨而食葩藻，盡掇天下之香草嘉木，以苾芬其四體，而金玉其言語文章，盡遠取江蘺杜若而近舍梅，豈偶遺之歟？抑梅之未遭歟？南北諸子如陰鏗、何遜、蘇子卿詩人之風流，至此極矣，梅於時始以花聞天下。及唐之李杜，本朝之蘇黃崛起千載之下，而躪藉千載之上，遂主風月花草之夏盟，而於其間始出桃李蘭蕙而居客之左；蓋梅之有遭，未有盛於此時者也。

而唐宋之際，實以林逋愛之最甚，相傳他：「隱於武林之西湖，不娶無子。所居多種梅畜鶴，泛舟湖中，至則放鶴致之，因謂妻梅子鶴云。」（宋阮閱《詩話總龜》）此外范成大自云：「於石湖玉雪坡既有梅數百本，比年又於舍南買王氏僦舍七十楹，盡拆除之，治為范村，以其地三分之一與梅。」（《梅譜》）張鎡自云：「予得曹氏荒圃於南湖之濱，有古梅數十，散漫弗治，爰輟地十畝，移種成列，增取西湖北山別圃江梅合三百餘本，築堂數間以臨之。」（《玉照堂梅品》）至明則有王冕，「隱九里山，樹梅花千株，桃柳居其半，結茅廬三間，自題為梅花屋。」（《玉壺冰》）其他則所在多有，不勝盡述。而詠梅之作，更連篇累牘，有多至千篇的，如宋周必大《二老堂詩話》云：

政和中，廬陵太守程祁，學有淵源，尤工詩。在郡六年，郡人段子沖字謙叔，學問過人，自號潛叟。郡以遺逸八行薦，力辭。與程唱酬梅花絕句，展轉千首，識者已歎其博。近歲有同年陳從古字希顏，哀古梅花詩八百篇，一一次韻。其自敘云：「在漢晉未之或聞。自宋鮑照以下，僅得十七人共二十一首。唐詩人最盛，杜少陵二首，白樂天四首，元微之、韓退之、柳子厚、劉夢得、杜牧之各一首，自余不過一二；如李翰林、韋蘇州、孟東野、皮日休諸人，則又寂無一篇。至本朝方盛行。而予日積月累，酬和千篇云。」

此外如《元史．歐陽玄傳》所述：「玄幼岐嶷，八歲即知屬文。部使者行縣，玄以諸生見命賦梅花詩，立成十首，晚歸增至百首，見者駭異之。」以一日之間，竟成梅花詩百首，也可為詠梅的聖手了。至清時如彭玉麟亦常詠梅，相傳多至萬首，那是別有所屬，據說是為他的愛人梅仙的緣故，當然與專指梅的不同了。然這許多梅詩之中，自來最賞識的是林逋「疏影橫斜水清淺，暗香浮動月黃昏」兩句，以為最能寫出梅花的風韻的。

以上所說，只是說到詩人對於梅花的酷好而已，我們這裡還應當說說梅的種類。梅的種類據范成大《梅譜》，有江梅、早梅、官城梅、消梅、古梅、重葉梅、綠萼梅、百葉緗梅、紅梅、鴛鴦梅、杏梅等種。其中「江梅」即野生的梅，實小而硬，又名「直腳梅」。「早梅」因在冬至前已開花，故有此名；尚有一種更早的，在重陽日便開了。「官城梅」即就江梅花肥實美的接之，是與江梅為一類。「消梅」也與江梅相似，惟其實圓小而鬆脆。「古梅」並非古時的梅，乃其狀如古木，有薹鬚垂於枝間，實與常梅同，而產於會稽一帶。「重葉」「綠萼」「百葉」皆就其葉萼而言。「紅梅」花為粉紅色，與常梅異，而頗似杏。「鴛鴦梅」為多葉紅梅，一蒂雙果，故名。「杏梅」花亦微紅，而結實甚扁，全似杏味。此外尚有「蠟梅」，實非梅類，《梅譜》說它又分三種，其說云：

> 蠟梅本非梅類，以其與梅同時，而香又相近，酷似蜜脾，故名蠟梅。凡三種：以子種出不經接，花小香淡，其品最下，俗謂之「狗蠅梅」；經接花疏，雖盛開花常半含，名「磬口梅」，言似僧磬之口也；最先開，色深黃如紫檀，花密香濃，名「檀香梅」，此品最佳。蠟梅香極清芳，殆過梅香，初不以形狀貴也。此花多宿葉，結實如垂鈴，尖長寸餘；又如大桃奴，子在其中。

又據宋周紫芝《竹坡詩話》云：「東南之有蠟梅，蓋自近時始，余為兒童時猶未之見。元祐間魯直諸公方有詩，前此未嘗有賦此詩者。」是蠟梅至宋時方有，但不知係傳自何地的。

梅實味酸，所以多吃則能損齒，據說可嚼胡桃肉解之，又據僧贊寧《物類相感志》云：「梅子同韶粉食，則不酸不軟牙。」是又可用韶粉的。

又青梅可以製為白梅與烏梅，其作法據《居家必要》云：

取大青梅以鹽漬之，日曬後漬，十晝十夜，便成白梅，調鼎和虀，所在任用。青梅籃盛突，上熏黑，即成烏梅，用以入藥，不任調食。以稻灰淋汁潤濕蒸過，則肥澤不蠹；亦可糖藏蜜煎作果。烏梅洗淨搗爛，水煮滾，入紅糖使酸甘得宜，水內泡冷，暑月飲甚妙。

則殊為簡便。後一種即今所謂酸梅湯，夏日飲者頗多的。

杏字篆文象子在木枝的形狀，從廿非從口。五代楊行密以「行」、「杏」音同，改稱為「甜梅」。梅杏古多並稱，以其樹木葉的形狀相似，但梅花早而白，杏花晚而紅；梅實小而酸，杏實大而甜，是其不同的地方。

杏的種類不多，據明李時珍《本草綱目》所載，僅有下列數種：

諸杏葉皆圓而有尖，二月開紅花，亦有千葉者不結實。甘而有沙者為「沙杏」，黃而帶酢者為「梅杏」，青而帶黃者為「柰杏」，其「金杏」大如梨，黃如橘。《西京雜記》載「蓬萊杏」花五色，蓋異種也。按：王禎《農書》云：「北方肉杏甚佳，赤大而扁，謂之金剛拳。」

此外尚有一種「銀杏」，雖名為杏，實非杏類，今植物學上稱為「公孫樹」。據李時珍云：「原生江南，葉似鴨掌，因名鴨腳；宋初始入貢，改呼銀杏，因其形似小杏而核色白也；今名白果。」其樹高百尺餘，大或至合抱，可作棟樑，所以絕非杏類矮小的可比。

杏雖與梅相似，但古來多愛梅而不愛杏，有之惟如晉葛洪《神仙傳》中所說，董奉一人而已。《傳》云：

董奉居山不種田，日為人治病，亦不取錢，重病癒者，使栽杏五株，輕者一株，如此數年計得十萬餘株，鬱然成林。乃使山中百禽群獸，遊戲其下，卒不生草，常如藝治也。後杏子大熟，於林中作一草倉，示時人曰：「欲買杏者不須報奉，但將穀一器置倉中，即自往取一器杏去。」常有人置穀少而取杏去多者，林中群虎出吼逐之，大怖，急挈杏走，路傍傾覆，至家量杏一如穀多少。或有人偷杏者，虎逐之到家，嚙至死。家人知其偷杏，乃送還奉，叩頭謝過，乃卻使活。奉每年貨杏得穀，旋以賑救貧乏，供給行旅不逮者，歲二萬餘斛。

愛杏或是事實，虎出吼逐，則未免是神仙家的話了。

一二 桃李

桃、李

Peaches and plums

桃字從木從兆，據明李時珍在《本草綱目》裡解釋說：「桃性早花，易植而子繁，故字從木兆；十億曰兆，言其多也。或云從兆，諧聲也。」但這恐怕是李氏想像之辭，前人未曾說過，原意當是「從兆諧聲」。不過後人對於桃字，確如李氏所說，含有多的意思，所以如誕辰宴客，稱為桃樽；送人壽禮，稱為桃儀；還有送壽用的饅頭，稱為壽桃。同時《漢武帝內傳》裡，有這樣一個傳說：

七月七日，西王母降，命侍女索桃果。須臾，以玉盤盛仙桃七顆，大如鴨卵，形圓青色，以呈王母。母以四顆與帝，三顆自食。桃味甘美，口有盈味，帝食輒收其核。王母問帝，帝曰：「欲種之。」母曰：「此桃三千年一生實，中夏地薄，種之不生。」乃止。

於是格外以為桃是長壽之徵了。其實桃樹的壽命最短，不過十年而已，如後魏賈思勰《齊民要術》云：「桃性皮急，四年以上宜以刀豎劚其皮，七八年便老，十年則死。」所以以桃為長壽，實在上了西王母的當了。

而且更為奇怪的，說桃木能夠制鬼，可以避邪驅疫。此種迷信，到現在還很盛行。其原因誠如宋羅願《爾雅翼》云：

桃能去不祥，故古者植門以桃梗，出冰以桃弧，臨喪以桃茢。《典術》曰：「桃者五木之精，仙木也，故厭伏邪氣，制百鬼。」或曰：「東海中有度朔山，上有大桃木，蟠屈三千里。其枝東北曰鬼門，萬鬼之所出入，有二神人曰神荼、鬱壘，主閱眾鬼之惡害人者，執以葦索，而用以飼虎。黃帝法而象之，驅除畢，因立桃梗於門戶上，畫鬱壘執葦索焉。」又《淮南子》曰：「羿死於桃棓。」棓，大杖也，言為桃木所擊死，由是以來鬼畏之。其實桃西方之木，味辛氣惡，物或惡之；木之不用桃，猶菜之不用辛也。古者出冰，桃弧棘矢，以除其災；荊楚設之以共御王事，則其來久矣。

按：或曰據漢應劭《風俗通》云出《黃帝書》，是此種傳說，於古就有。「桃弧棘矢」事見《左傳》，可知周時已有此風，而認桃為仙木，後之西王母三千年一生實之說，大約也由此而來罷！但這些誠如莊子所說：「插桃枝於戶，連灰其下，童子入而不畏，而鬼畏之，是鬼智不如童子也。」原是一種奇談，無足為辨。不過古時確有因食桃而殺人的，這就是《晏子春秋》所謂「二桃殺三士」，卻值得在這裡附錄一下：

公孫接、田開疆、古冶子事景公，以勇力搏虎聞。晏子過而趨，三子者不起。晏子入見公曰：「臣聞明君之蓄勇力之士也，上有君臣之義，下有長率之倫，內可以禁暴，外可以威敵，上利其功，下服其勇，故尊其位，重其祿。今君之蓄勇力之士也，上無君臣之義，下無長率之倫，內不以禁暴，外不可威敵，此危國之器也，不若去之。」公曰：「三子者，搏之恐不得，刺之恐不中也。」晏子曰：「此皆力攻勍敵之人也，無長幼之禮。」因請公使人少饋之二桃，曰：「三子何不計功而食桃？」公孫接仰天而歎曰：「晏子智人也，夫使公之計吾功者，不受桃，是無勇也。士眾而桃寡，何不計功而食桃矣。接一搏豣而再搏乳虎，若接之功，可以食桃，而無與人同矣。」援桃而起。田開疆曰：「吾伏兵而卻三軍者再，若開疆之功，亦可以食桃，而無與人同矣。」援桃而起。古冶子曰：「吾嘗從君濟於河，御左驂以入砥柱之流。當是時也，冶少不能游，潛行逆流百步，順流九里，得黿而殺之。左操驂尾，右挈黿頭，鶴躍而出津，人皆曰河伯也，若冶視之，則大黿之首。若冶之功，亦可以食桃，而無與人同矣。二子何不反桃？」抽劍而起。公孫接、田開疆曰：「吾勇不子若，功不子逮，取桃不讓，是貪也；然而不死，無勇也。」皆反其桃，挈領而死。古冶子曰：「二子死之，冶獨生之，不仁；恥人以言，而誇其聲，不義；恨乎所行，不死，無勇。雖然，二子同桃而節，冶專其桃而宜。」亦反其桃，挈領而死。使者復曰：「已死矣。」公殮之以服，葬之以士禮焉。

這故事，後人詠為詩歌，演為小說，編為戲劇很多，是歷史上很著名的一件政治案。

為了李氏的一句話，引出了這許多桃的故事，現在暫且打住罷，回頭來說說桃的本身。

桃原是我國的原產，種類很多，仍引李氏在《本草綱目》裡所說：

桃品甚多，易於栽種，且早結實。其花有紅，紫，白，千葉，二色之殊。其實有紅桃、緋桃、碧桃、緗桃、白桃、烏桃、金桃、銀桃、胭脂桃，皆以色名者也；有綿桃、油桃、御桃、方桃、偏桃、偏核桃，皆以形名者也；有五月早桃、十月冬桃、秋桃、霜桃，皆以時名者也；並可供食。惟山中毛桃，即《爾雅》所謂「褫桃」者，小而多毛，核粘味惡，其仁充滿多脂，可入藥用，蓋外不足者內有餘也。「冬桃」一名王母桃，一名仙人桃，即崑崙桃，形如栝樓，表裡徹赤，得霜始熟。「方桃」形微方。「匾桃」出南番形匾肉澀，核狀如盒，其仁甘美，番人珍之，名波淡樹，樹甚高大。「偏核桃」出波斯，形薄而尖，頭偏，狀如半月，其仁酷似新羅桃子，可食，性熱。又楊維禎、宋濂集中，並載元朝御庫「蟠桃」，核大如碗，以為神異。按：王子年《拾遺記》載：「漢明帝時，常山獻巨核桃，霜下始花，隆暑方熟。」《玄中記》載：「積石之桃，大如斗斛器。」《酉陽雜俎》載：「九疑有桃，核半扇可容米一升。」及蜀後主有桃核杯半扇，容水五升，良久如酒味可飲。此皆桃之極大者。昔人謂桃為仙果，殆此類歟？

按：以上所述，今各地或尚有之，惟獨無「水蜜桃」之名。按：明王象晉《群芳譜》有云：「水蜜桃，獨上海有之，而顧尚寶西園所出尤佳，其味亞於生荔枝。」是明時未嘗沒有的。又據清王韜《瀛壖雜志》云：

桃實為吳鄉佳果，其名目不一，而尤以滬中水蜜桃為天下冠，相傳係顧氏露香園遺種。花色較淡，實亦不甚大，皮薄漿甘，入口即化，無一點酸味。最佳者每過一雷雨，輒有紅暈。其樹以秋分時鏟枝接種，非老本也。五年後結實始美，惜易蠹蝕，七八年即萎。在城西一帶者為真種，移植他處則味減。近年真種甚難得，且每逢垂熟，官票封園，胥吏從中漁利，高其價以售之民，一桃輒百錢，貧士老饕頗難屬饜。

按：顧氏露香園即《群芳譜》中所謂顧尚寶西園。此種水蜜桃種，據張嗚鶴《穀水舊聞》云得自大同，但現在大同卻無水蜜桃之名，這大約是水土的關係罷！到了現在，園址久廢，植桃區域已移至龍華以南，所以普通稱為龍華水蜜桃了。而浙江奉化一帶，移植頗多，故奉化水蜜桃，也頗負盛名的。天津也有此桃，則實大於奉化云。

說到這裡，我們又要述一則神仙的故事，說桃可以成仙。晉葛洪《神仙傳》云：

張道陵弟子至數萬，九鼎大要，惟付王長一人。有趙昇者，從東方來。陵將諸弟子登雲台絕岩之上，下有一桃樹如人臂，傍生石壁，下臨不測之淵，桃大有實。陵謂諸弟子曰：「有人能得此桃實，當告以道要。」於時伏而窺之者二百餘人，股戰流汗，無敢久臨視之者，莫不卻退而還，謝不能得。昇一人乃曰：「神之所護，何險之有？聖師在此，終不使吾死於谷中耳。師有教者，必是此桃有可得之理故耳。」乃從上自擲投樹上，足不蹉跌，取桃實滿懷。而石壁險峻，無所攀緣，不能得返，於是乃以桃一一擲上，正得二百二顆。陵得而分賜諸弟子各一，陵自食一，留一以待昇。乃以手引昇，眾視之，見陵臂加長三二丈引昇。昇忽然來還，乃以向所留桃與之。昇食桃畢，陵乃臨谷上戲笑而言曰：「趙昇心自正，能投樹上，足不蹉跌。吾今欲自試投下，當應得大桃也。」眾人皆諫，惟昇與王長嘿然。陵遂投空不落桃，失陵所在，四方皆仰，上則連天，下則無底，往無道路，莫不驚歎悲涕。惟昇長二人，良久乃相謂曰：「師則父也，自投不測之崖，吾何以自安？」乃俱投身而下，正墮陵前，見陵坐局腳床斗帳中。見昇長二人笑曰：「吾知汝來。」乃授二人道畢，三日乃還，歸治舊舍。諸弟子驚悲不息。後陵與昇長三人，皆白日沖天而去。

這當然是神話，但由此可知張道陵原來是食桃而成仙的，桃之在古人可謂神秘極了，無怪《典術》有仙木之稱。此外宋劉義慶《幽明錄》載後漢明帝時，剡縣有劉晨、阮肇共入天台山的桃源洞，也是為了吃了一桃而得與仙女相會，留半載求歸，而人間已過七世了。這神話大家都知道的，這裡也不詳談了。

總之，桃在果木之中，本來是最普通的，不足為奇，可是後來竟把它當作仙木，當作仙果，那恐怕是方士道家之徒所敷會出來的，因為桃道音同，所以他們特別看重它罷！這當然是我個人推想而已，詳細還有待於考證。

其次說「李」，李與桃在古時往往並稱的。這在現在說起來，同屬薔薇科櫻桃屬，又同於春月開花，確可歸為一類。古時則尚有「桃三李四」之說，意謂桃生三歲便放花果，李生四歲亦能如此。又古有「五果」之說，謂梅、杏、李、桃、栗，李、桃正相連稱，這也是桃李並稱的原因罷！

李字從木從子，據宋陸佃《埤雅》引《素問》云：

「李，東方之果，木子也，故其字從木從子。」宋羅願《爾雅翼》則以為：「李，木之多子者，故從子，亦南方之果也；火者木之子，故名。若古文則木傍子為杍。」都以為李是木之子，所以作李，古文則作杍。此木乃五行之木，李時珍《本草綱目》所謂：「李味酸屬肝，東方之果也。李於五果屬木，故得專稱耳。」而以羅釋「木之多子者」為非，以為：「木之多子者多矣，何獨李稱木子耶？」

李的種類很多，數可近百，其大略如明王象晉《群芳譜》所云：

李實有離核，合核，無核之異。小時青，熟則各色，有紅有紫有黃有綠，又有外青內白，外青內紅者。大者如杯如卵，小者如彈如櫻。其味有甘酸苦澀之殊。性耐久，樹可得三十年，雖枝枯子亦不細。種類頗多，有麥李、南居李、季春李、木李、御黃李、均亭李、擘李、糕李、中植李、趙李、御李、赤李、冬李、離核李，皆李之特出者。他如經李、杏李、黃扁李、夏李、名李、縹青李、建黃李、青皮李、赤陵李、馬肝李、牛心李、紫粉李、小青李、水李、扁縫李、金李、鼠精李、合枝李、柰李、晚李之類，未可悉數。建寧者甚甘，今之李乾皆從此出。

這許多李種，據元王禎《農書》云：「北方一種御黃李，形大而肉厚核小，甘香而美；江南建寧一種均亭李，紫而肥大，味甘如蜜；有擘李熟則自裂；有糕李肥粘如糕；皆李之嘉美者也。」又據《本草綱目》云：「諸李早則麥李御李，四月熟；遲則晚李冬李，十月十一月熟。」其中麥李蓋與麥同熟之李。御李據宋姚寬《西溪叢話》云：「許昌節度使小廳，是故魏景福殿。魏太祖挾獻帝自洛都許州，有小李子色黃，大如櫻桃，謂之御李子，即獻帝所植。」南居李據梁陶弘景《本草注》云：「姑熟有南居李，解核如杏子形者。」木李據後魏賈思勰《齊民要術》云：「今世有木李，實絕而美。又有中植李，在麥穀前而熟者。」趙李即《爾雅》所謂「休」，乃無實的李。《爾雅翼》云：「休，無實李。李實繁，則有竊食之嫌，雖欲正冠其下且不可。無實則其下可休矣。行人謂之行李，亦或取於此。」按：《古樂府》有「君子防未然，不處嫌疑間。瓜田不納履，李下不整冠」。

竊食之嫌，即從此樂府而出。鼠精李據《好事集》云：「王侍中家堂前，有鼠從地出，其穴即生李樹，花實俱好，此鼠精李也。」則出於傳說。其餘無用解釋，皆淺而易明者。此外李尚有「嘉慶子」的別稱，據唐韋述《兩京記》云：

東都嘉慶坊有李樹，其實甘鮮，為京都之美，故稱嘉慶李。今人但言嘉慶子，蓋稱謂既熟，不加李亦可記也。

李的種類大略就是如此，現在或有或無。至於植李的故事，最可笑的當如漢應劭《風俗通》所載：

汝南南頓張助，於田中種禾見李核，意欲持去，顧見空桑中有土，因殖種以餘漿灌溉，後人見桑中反覆生李，轉相告語。有病目痛者息陰下，言李君令我目癒，謝以一豚。目痛小疾，亦行自癒，眾犬吠聲，因盲者得視遠近翕赫，其下車騎常數千百，酒肉滂沱。間一歲餘，張助遠出來還，見之驚云：「此有何神？乃我所種耳。」因就斫也。

這真給迷信神靈者一個當頭棒喝，無怪張助一見就把它斬了。

一三　梨柿蘋果

Pears, persimmons and apples

梨、柿、リンゴ

梨據元朱震亨《本草衍義補遺》云：「梨者利也，其性下行流利也。」是梨因利而得名。又宋羅願《爾雅翼》云：「梨，果之適口者，剖裂以食，故古人言剖裂為剖梨。」是梨又有剖的意思。又梁陶弘景《本草注》云：「梨種殊多，並皆冷利，多食損人，故俗人謂之快果，不入藥用。」快果之稱，現在似已無聞。至多食損人，李時珍卻反對其說，他在《本草綱目》裡云：

《別錄》著梨止言其害，不著其功。陶隱居言梨不入藥。蓋古人論病，多主風寒，用藥皆是桂附，故不知梨有治風熱潤肺涼心清痰降火解毒之功也。今人痰病火病，十居六七，梨之有益，蓋不為少，但不宜過食爾。按：《類編》云：一士人狀若有疾，厭厭無聊，往謁楊吉老診之。楊曰：「君熱證已極，氣血消鑠，此去三年，當以疽死。」士人不樂而去，聞茅山有道士，醫術通神，而不欲自鳴，乃衣僕衣詣山拜之，願執薪水之役。道士留置弟子中。久之以實白道士，道士診之，笑曰：「汝便下山，但日日吃好梨一顆。如生梨已盡，則取乾者炮湯食滓飲汁，疾自當平。」士人如其戒，經一歲復見吉老，見

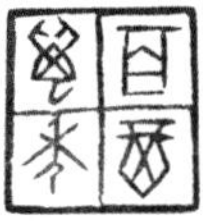

百福萬年

其顏貌腴澤，脈息和平，驚曰：「君必遇異人；不然，豈有痊理？」備告吉老，吉老具衣冠望茅山設拜，自咎其學之未至。此與《瑣言》之說彷彿。觀夫二條，則梨之功豈小補哉？然惟乳梨鵝梨消梨可食，餘梨則亦不能去病也。

是梨之功用實大。所謂《瑣言》乃五代孫光憲《北夢瑣言》，大略云：「一朝士，見奉御梁新診之，曰風疾已深，請速歸去。復見鄜州馬醫趙鄂診之，言與梁同，但請多吃消梨，咀齕不及，絞汁而飲。到家旬日，惟吃消梨，頓爽也。」

至於梨的種類，據《本草綱目》所載，有下面數種：

梨有青黃紅紫四色。「乳梨」即雪梨，「鵝梨」即綿梨，「消梨」即香水梨也，俱為上品，可以治病。其他青皮、早穀、半斤、沙糜諸梨，皆粗澀不堪，止可蒸煮及切烘為脯爾。昔人言梨，皆以常山、真定、山陽、巨野、梁國、睢陽、齊國、臨淄、巨鹿、弘農、京兆、鄴都、洛陽為稱，蓋好梨多產於北土，南方惟宣城者為勝。

按：今以河北的河間，山東的萊陽所出的最佳，俗稱「雅梨」，實即消梨。消梨之意，謂能入口即消。又古時盛稱「哀家梨」，實亦消梨的一種。如宋劉義慶《世說新語》云：

桓南郡每見人不快，輒嗔曰：「君得哀家梨，當復不蒸食否？」（註）秣陵有哀家梨，大如升，味甚美，入口即消。

此哀家乃哀仲，後來文士頗多引用，然今早已無聞，只為歷史上的故實而已。

此外梨又有「果宗」「蜜父」之稱。果宗謂百果之宗，見《宋書・張邵傳》：

邵子敷，有名於世。武帝聞其名，召見奇之，以為世子中軍參軍，遷正員中書郎。敷小名查，父邵小名梨，文帝戲之曰：「查何如梨？」敷曰：「梨為百果之宗，查何可比？」

蜜父見宋陶穀《清異錄》，云：「建業野人種梨者，詫其味曰蜜父。」

又梨亦可以釀酒，但並非如唐時的「梨花春」，於梨花開時釀熟的，乃是真用梨釀成，如宋周密《癸辛雜識》云：

李仲賓云：向其家有梨園，其樹之大者每株收梨二車。忽一歲盛生，觸處皆然，數倍常年，以此不可售，甚至用以飼豬，其賤可知。有所謂山梨者，味極佳，意頗惜之，漫用大甕儲數百枚，以缶蓋而泥其口，意欲久藏，旋取食之。久則忘之，及半歲後，因至園中，忽聞酒氣熏人，疑守舍者釀熟，因索之，則無有也；因啟觀所藏梨，則化之為水，清冷可愛，湛然甘美，真佳醞也，飲之輒醉。回回國葡萄酒止用葡萄釀之，初不雜以他物，始知梨可釀，實前所未聞也。

此法於今亦可仿而行之，不知也能成甘美的佳醞否？

柿本作柹。而此柹音肺，乃削下的木片，惟今多混作柿，稍加分別的則作梻，所以我們也寫作柿。

柿的種類很多，而且古有七絕之稱，如宋蘇頌《本草圖經》云：

柿南北皆有之，其種亦多。「紅柿」所在皆有，「黃柿」生汴洛諸州，「朱柿」出華山，似紅柿而圓小，皮薄可愛，味更甘珍；「椑柿」色青可生啖。諸柿食之皆美而益人；又有小柿謂之「軟棗」，俗呼為「牛奶柿」。世傳柿有七絕：一多壽，二多陰，三無鳥巢，四無蟲蠹，五霜葉可玩，六嘉實，七落葉肥滑可以臨書也。

一日晴閑一日福
辛巳立秋
福

今又以青柿置器中自紅的叫「烘柿」，日乾的叫「白柿」，也稱「柿餅」，火乾的叫「烏柿」，軟棗也叫「猴棗」。柿性寒，所以醫家相傳，不可與蟹同食，因兩物皆寒；否則使人腹痛作瀉，但用木香可解。此指烘柿而言，若為白柿，據李時珍在《本草綱目》裡說，卻大有神秘的功效。他說：

柿乃脾肺血分之果也，其味甘而氣平，性澀而能收，故有健脾澀腸治嗽止血之功。按：方勺《泊宅編》云：「外兄劉掾云病臟毒，下血凡半月，自分必死，得一方，只以乾柿燒灰，飲服二錢遂癒。」又王璆《百一方》云曾通判子病下血十年，亦用此方一服而癒。則柿為太陰血分之藥，益徵也。又《經驗方》云有人三世死於反胃病，至孫得一方，用乾柿餅同乾飯日日食之，絕不用水飲，如法食之，其病遂癒，此又一徵也。

是多食一些柿餅，倒是沒有妨害的。

又柿有淩霜侯之稱，那是據說為明太祖所封的。明人《在田錄》云：

高皇微時，過剩柴村，已經二日不食矣。行漸伶仃，至一所，乃人家故園，垣缺樹凋，是兵火所戕者，上悲歎久之。緩步周視，東北隅有一樹，霜柿正熟，上取食之。食十枚便飽，又惆悵久之而去。乙未夏，上拔采石取太平，道經於此，樹猶在。上指樹以前事語左右，因下馬以赤袍加之曰：「封爾為凌霜長者。」或曰凌霜侯。

蘋果古稱為「柰」。李時珍《本草綱目》云：「篆文柰字象子綴於木之形，梵言謂之頻婆，今北人亦呼之，猶云端好也。」按：頻婆實即今所謂蘋果，一音之轉而已。或云「蘋婆果」，如明曾棨有《蘋婆果》詩，則蘋果乃蘋婆果之縮語。按：無名氏《采蘭雜志》云：

燕地有蘋婆，味極平淡，夜置枕邊，微有香氣，即佛書所謂「蘋婆」，華言相思也。昔袁上芳時以致張子，由此觀之，則當時未必不以為相思也。

是古以為相思之果。按：晉郭義恭《廣志》云：「柰有白青赤三種，張掖有白柰，酒泉有赤柰，西方例多柰，家以為脯。」此西方當指今印度，而稱為蘋婆者也。又劉熙《釋名》有柰油柰脯，是漢時已有蘋果的，且為用甚廣，可以搗實為油，可以暴乾為脯。今則多為生食，別作製酒之用。其果誠如王象晉《群芳譜》所云：

蘋果出北地，燕趙者尤佳。樹身聳直，葉青似林檎而大，果如梨而圓滑，生青，熟則半紅半白，或全紅，光潔可愛玩，香聞數步。味甘松，未熟者食如棉絮，過熟又沙爛不堪食，惟八九分熟者最美。

與蘋果相似小的則有「林檎」，俗稱「花紅」，古又稱為「來禽」或「林禽」，據《本草綱目》引洪玉父之言云：「此果味甘，能來眾禽於林，故有林禽來禽之名。」又唐高宗時，紀王李謹得五色林檎似朱柰以貢，帝大悅，賜謹為文林郎，人因呼林檎為「文林郎果」。它的種類頗多，據李時珍《本草綱目》云：

林檎即柰之小而圓者，其味酢者即楸子也。
其類有金林檎、紅林檎、水林檎、蜜林檎、
黑林檎，皆以色味立名。黑者色似紫柰，有
冬月再實者。

他又說林檎的食法，云：「熟時曬乾研末，點湯服甚美，謂之林檎麨。」按：此法後魏賈思勰《齊民要術》亦有之，可知自古有此食法。又明高濂《遵生八箋》有花紅餅方，云：「用大花紅批皮曬二日，用手壓扁又曬，蒸熟收藏，硬大者方好，須用刀花作瓜棱。」均是特別的食法，倒可一試究竟的。

一四 柑橘橙柚

Citrus fruits

柑橘、橙、柚子

柑橘古時往往並稱，有時且混稱為柑為橘。至今粵人稱蜜橘為「柑」，而粵中真正的柑，滬人又稱之為「廣橘」，極不分明。據今植物學家解釋，實形正圓，色黃赤，皮緊紋細，不易剝，多液甘香的叫柑；實形扁圓，色紅或黃，皮薄而光滑，易剝，味微甘酸的叫橘。是分別很明。明李時珍《本草綱目》亦云：「橘實小，其瓣味微酸，其皮薄而紅，味辛而苦；柑大於橘，其瓣味甘，其皮稍厚而黃，味辛而甘。」他又解橘字之用意云：

橘從矞，音鷸，諧聲也。又云五色為慶，二色為矞。矞云外赤內黃，非煙非霧，鬱鬱紛紛之象。橘實外赤內黃，剖之香霧紛鬱，有似乎矞云。橘之從矞，又取此意也。

至於柑字則言其果味甘，故字從甘，古又直作甘字。此二果據宋韓彥直《橘錄》，凡柑種有八，即真柑、生枝柑、海紅柑、洞庭柑、朱柑、金柑、木柑、甜柑；橘種有十四，即黃橘、塌橘、包橘、綿橘、沙橘、荔枝橘、軟條穿橘、油橘、綠橘、乳橘、金橘、自然橘、早黃橘、凍橘。按：此所譜，僅以溫州（今浙江永嘉）所產者為限，其實他地尚有許多名稱的。今普通所知，最著者有黃岩橘、福州橘、汕頭蜜橘等。按：宋陳景沂《全芳備祖》云：「韓彥直《橘錄》但知乳柑出於泥山，獨不知出於天台之黃岩。出於泥山者固奇，出於黃岩者尤天下奇也。」是黃岩又有乳柑，在宋已負盛名。此乳柑據《橘錄》所云，實即真柑。《橘錄》云：

> 真柑在品類中最貴可珍，其柯木與花實皆異凡木。木多婆娑，葉則纖長茂密，濃陰滿地。花時韻特清遠，逮結實顆皆圓正，膚理如澤蠟。始霜之旦，園丁採以獻，風味照座。擘之則香霧噀人，北人未之識者，一見而知其為真柑矣。一名乳柑，謂其味之如乳酪。溫四邑之柑，推泥山為最。泥山地不彌一里，所產柑其大不七寸圍，皮薄而味珍，脈不黏瓣，食不留滓，一顆之核才一二，間有全無者。

是可謂柑中之最上品者。又柑橘有「木奴」之稱，《襄陽耆舊傳》云：

> 吳李衡字叔平，襄陽人，習竺以女英習配之，漢末為丹陽太守。衡每欲治家事，英習不聽；後密遣客十人往武陵龍陽泛洲上作宅，種柑橘千株，臨死敕兒曰：「汝母每怒吾治家事，故窮如是；然吾州裡有千頭木奴，不責汝衣食，歲上匹絹亦當足用爾。」衡既亡，後三十餘日，兒以白，英習曰：「此當是種柑橘也。汝家失十客來七八年，必汝父遣為宅。汝父恆稱太史公言江陵千樹橘，當封君家。吾答云，士患無德義，不患不富若貴，而能貧方好爾，用此何為！」吳末，衡柑橘成，歲得絹數千匹，家道富足。

按：《史記・貨殖傳》有：「江陵千樹橘，此其人與千戶侯等。」此言貨殖之利，實與封侯無異。李氏惑於此說，故仿而行之，後竟致富，可知種柑橘之利實很優厚的。

橘之外又有枳，據說就是橘的變種，《周禮・考工記》云：「橘逾淮而北為枳，此地氣然也。」又與橘相似而更大的，則有橙有柚。橙據陸佃《埤雅》云：「橙，柚屬也，可登而成，故字從登；又諧聲也。」柚據李時珍《本草綱目》云：「柚色油然，其狀如卣，故名。」又云：

> 橙產南土，其實似柚而香。柚乃柑屬之大者，早黃難留。橙乃橘屬之大者，晚熟耐久。皆有大小二種。橙實大者如碗，經霜早熟，色黃皮黃，香氣馥鬱。其皮可以熏衣，可以芼鮮，可以和菹醢，可以為醬虀，可以蜜煎，可以糖製為橙丁，可以蜜製為橙膏，嗅之則香，食之則美，誠佳果也。柚黃而小者為「蜜筒」；其大者謂之「朱欒」，亦取團欒之象；最大者謂之「香欒」，《爾雅》謂之「櫠」，音廢；又曰「椵」，音賈；《廣雅》謂之「鐳柚」；《桂海志》謂之「臭柚」；皆一物，但以大小古今方言稱呼不同耳。

按：今亦有以柑之佳者為橙，如出於廣東的新會縣，俗稱「新會橙」，有「高身橙扁身柑」之說。又柚古亦稱櫾，今福建漳州稱為「文旦」，閩浙又稱為「泡子」。除漳州文旦外，「沙田柚」今亦很負盛名，那是出於廣西容縣沙田中的。

一五 橄欖櫻桃

Olives and cherries

オリーブ、チェリー

橄欖原出嶺南。《三輔黃圖》云：「漢武帝元鼎六年破南越，起扶荔宮，以植所得奇草異木，龍眼、荔枝、檳榔、橄欖、千歲子、甘橘皆百餘本。」橄欖之名，大約亦如檳榔一樣，只就當時方音譯稱，並無何種意義可言。又稱「餘甘」，三國沈瑩《臨海異物志》云：「餘甘子如梭形，入口苦澀，後飲水更甘，大如梅實，核兩頭銳，東嶽呼餘甘柯欖，同一果耳。」又稱「青果」「青子」，宋梅堯臣詩所謂「南國青青果，涉冬知始摘」，及蘇軾詩所謂「紛紛青子落紅鹽，正味森森苦且嚴」是也。青果青子皆指橄欖，蓋他果熟則變色，惟此果仍青，故有此稱。其味苦澀，如調以鹽則否。又有「諫果」之稱，宋周密《齊東野語》云：

涪翁在戎州日，過蔡次律家，小軒外植餘甘子，乞名於翁，因名之曰味諫軒，其後王宣子予以橄欖送翁，翁賦云：「方懷味諫軒中果，忽見金盤橄欖來。想與餘甘有瓜葛，苦中真味晚方回。」然則二物可名之為諫果也。

涪翁即黃庭堅。此以餘甘與橄欖為二物，恐非，觀上引《臨海異物志》可知。

橄欖除青的外，尚有「烏橄欖」及「波斯橄欖」。據明李時珍《本草綱目》云：

橄欖色青黑，肉爛而甘，取肉捶碎乾放，自有霜如白鹽，謂之「欖醬」。仁肥大，有文層疊如海螵蛸狀，而味甘美，謂之「欖仁」。又有一種「方欖」，出廣西兩江峒中，似橄欖而有三角或四角，即是「波斯橄欖」之類也。

又云：

按：《名醫錄》云：吳江一富人食鱖魚，被鯁橫在胸中，不上不下，痛聲動鄰里，半月餘幾死。忽遇漁人張九，令取橄欖與食，時無此果，以核研末，急流水調服，骨遂下而癒。問張九云：「我父老相傳，橄欖木作取魚棹篦，魚觸著即浮出，所以知畏橄欖也。」今人煮河豚團魚，皆用橄欖，能治一切魚鱉之毒也。

按：以橄欖治魚毒，唐陳藏器《本草拾遺》曾有此說，云：「其木主治魚毒。此木作楫，撥著水，魚皆浮出。」

櫻桃本非桃類，以其實形似桃，故稱櫻桃。古又稱為「含桃」，《禮記．月令》有：「仲夏之月，以含桃先薦寢廟。」據註：「含桃，櫻桃也。」《呂氏春秋》亦有此文，高誘註云：「以鶯所含食，故曰含桃；又名鶯桃。」鶯亦作鸎，是櫻字當由鶯字轉變而來，李時珍《本草綱目》以為：「其顆如瓔珠，故謂之櫻。」恐屬想像之辭。

櫻桃據晉郭義恭《廣志》云：「櫻桃有大者，有長八分者，有白色多肌者，凡三種。」但至後世則分法略異，如宋蘇頌《本草圖經》云：

櫻桃處處有之，而洛中者最勝。其木多陰，先百果熟，故古人多貴之。其實熟時深紅色者，謂之「朱櫻」。紫色皮裡有細黃點者，謂之「紫櫻」，味最珍重。又有正黃明者，謂之「蠟櫻」，小而紅者，謂之「櫻珠」，味皆不及。極大者有若彈丸，核細而肉厚，尤難得。

此外又有「山櫻桃」一種，俗名「李桃」，則味惡不堪食的。

櫻桃在古時可薦宗廟之用，故視為貴果。唐時尤見重視，進士且有「櫻桃宴」，如五代王定保《摭言》所說：

唐時新進士尤重櫻桃宴。乾符四年，劉鄴第二子覃及第，時狀頭已下，方議醵率，覃潛遣人預購數十樹，獨置是宴，大會公卿。時京國櫻桃初出，雖貴達未適口，而覃山積鋪席，復和糖酪者，人享蠻畫一小盎，亦不啻數升，以至參御輩，靡不沾足。

但櫻桃滋味雖好，卻不可多食，如金張從正《儒門事親》云：

舞水一富家有二子，好食朱櫻，每日啖一二升，半月後長者發肺痿，幼者發肺癰，相繼而死。

據元朱震亨《本草衍義補遺》云：「櫻桃屬火，性大熱而發濕，舊有熱病及喘嗽者，得之立病，且有死者也。」又櫻桃經雨則蟲，如宋林洪《山家清供》云：「櫻桃經雨，則蟲自內生，人莫之見，用水一碗浸之，良久其蟲皆蟄蟄而出，乃可食也。」是亦不可不注意的。

一六　楊梅枇杷

Red bayberries and loquats

ヤマモモ、枇杷

楊梅據明李時珍《本草綱目》云：「其形如水楊子，而味似梅，故名。」又唐段公路《北戶錄》云：「楊梅葉如龍眼樹，冬青，一名杭。」又明陳繼儒《群碎錄》云：「揚州人呼楊梅為聖僧。」則均不知為何意。

楊梅在漢時已有了，但不被人所重視，如晉嵇含《南方草木狀》云：

楊梅，其子如彈丸，正赤，五月中熟時似梅，其味甜酸。陸賈《南越行紀》曰：「羅浮山頂有胡楊梅山桃繞其際，海人時登採拾，止得於上飽啖，不得持下。」東方朔《林邑記》曰：「林邑山楊梅其大如杯碗，青時極酸，既紅味如崖蜜，以醖酒，號梅香酎，非貴人重客不得飲之。」

此所言羅浮林邑，皆在今廣東。而其後楊梅實以在浙江的為最著名，所以宋楊萬里詩有：「梅出稽山世少雙，情知風味勝他村。」此梅即指楊梅，而稽山則為今在紹興的會稽山。又如明王象晉《群芳譜》云：

楊梅，會稽產者為天下冠。吳中楊梅種類甚多，名「大葉」者最早熟，味甚佳。次則「卞山」，本出苕溪，移植光福山中，尤勝。又次為「青蒂」「白蒂」及「大小松子」。此外味皆不及。

至普通則有紅白紫三種，紅勝於白，紫勝於紅。酸的如用鹽拌食，就不酸了。

楊梅在古時也有人比之為荔枝葡萄的，如宋蘇東坡軾云：

客有言閩廣荔枝何物可對者，或對西涼葡萄，予以為未若吳越楊梅。平可正詩云：「五月楊梅已滿林，初疑一顆值千金。味方河朔葡萄重，色比瀘南荔枝深。」則古人亦舉而方之者矣。

又楊梅除食用外，其仁尚可作為藥用，據說治腳氣是很好的。宋王明清《揮麈錄》云：

王嶷字豐父，守會稽。童貫時方用事，貫苦腳氣。或云楊梅仁可療是疾，豐父裒五十石以獻之。

枇杷據宋寇宗奭《本草衍義》云：「其葉形似琵琶，故名。」按：琵琶之為樂器，漢時始有，故此果於古無聞，至漢方有。《西京雜記》云：「初修上林苑，群臣遠方各獻方果異樹，有枇杷十株。」是其明證。晉郭義恭《廣志》以為：「枇杷出南安、犍為、宜都。」按：其地均在今四川省境，即當時通西南夷後所進貢來的。《廣志》又云：

> 枇杷易種，葉微似栗，冬花冬實，子簇結有毛，四月熟，大者如雞子，小者如龍眼，白者為上，黃者次之，無核者名「蕉子」，出廣州。

枇杷大抵就是這樣三種。今則滬上以產東洞庭山者為最著名，稱為「白沙枇杷」。此點明王世懋《果疏》中已有說及，他說：「枇杷出東洞庭者大，自種者小，然卻有風味。」

枇杷是常綠喬木，其葉四時不凋，這是與他果不同的地方，所以古來文人多讚歎其質同松竹，而醫家亦謂其治肺熱嗽甚有功，但須用火炙，以布拭去毛，否則反而令嗽不止的。

但枇杷也有一個極不雅的代稱，這其實是誤會的。按：唐元稹詩：「萬里橋邊女校書，琵琶花下閉門居。」此指女校書薛濤也。琵琶花與杜鵑相似，後人以其音同，改作枇杷，遂又稱為妓女所居為「枇杷門巷」。實際上此琵琶非那枇杷的。又明時也有以枇杷而寫作琵琶的，因此而被人說成笑話，如《雅謔》所載云：

莫廷韓過袁履善先生，適村人獻枇杷果，帖書「琵琶」字，相與大笑。某令君續至，兩人笑容尚在面，令君以為問，袁道其故，令君曰：「琵琶不是這枇杷，只為當年識字差。」莫即云：「若使琵琶能結果，滿城簫管盡開花。」令君賞譽再三，遂定交。

其實琵琶古作枇杷，後乃改為琵琶。枇杷既如寇氏所云，似琵琶而得名，則寫作琵琶，實亦不能算作大誤。令君之類，亦只知其一而不知其二耳。

一七 石榴葡萄

Pomegranates and grapes

ザクロ、葡萄

石榴原名安石榴，其種出自西域，別名甚多，如明李時珍《本草綱目》云：

榴者瘤也，丹實垂垂如贅瘤也。《博物志》云：「漢張騫出使西域，得塗林安石國榴種以歸。」故名安石榴。又按：《齊民要術》云：「凡植榴者須安礓石枯骨於根下，即花實繁茂。」則安石之名，義或取此也。若木乃扶桑之名，榴花丹頳似之，故亦有「丹若」之稱，傅玄《榴賦》所謂「灼若旭日棲扶桑」者是矣。《筆衡》云：「五代吳越王錢鏐改榴為金罌。」《酉陽雜俎》言：「榴甜者名天漿。」《道書》謂：「榴為三尸酒。」言三屍蟲得此果則醉也，故范成大詩云：「玉池咽清肥，三彭跡如掃。」

按：《漢書．西域傳》並無塗林安石國之地，《傳》僅云漢使取葡萄苜蓿，則《博物志》所云，似未可信。然當時頗信其說，如晉陸機與弟雲書，亦云：「張騫使外國十八年，得塗林安石榴也。」大約史書所載，只述其重要者，其他如胡桃胡麻，據說亦為張騫得自西域，是安石榴亦或有可能的。至石榴的種類頗多，如明王象晉《群芳譜》云：

石榴葉綠，狹而長，梗紅，五月開花，有大紅、粉紅、黃、白四色。有「海榴」來自海外，樹高二尺；「黃榴」色微黃帶白，花比常榴差大；「四季榴」四時開花，秋結實，實方綻旋復開花；「火石榴」其花如火，樹甚小；「餅子榴」花大；「番花榴」出山東，花大於餅子，移之別省終不若在彼大而華麗，蓋地氣異也。

但不論是何種石榴，其中的子都是很多的，因此有「多子」的象徵，如《北齊書・魏收傳》云：

安德王延宗納趙郡李祖收女為妃。後帝幸李宅宴，而妃母宋氏薦二石榴於帝前，問諸人，莫知其意，帝投之，收曰：「石榴房中多子，王新婚，妃母欲子孫眾多。」帝大喜，詔收：「卿還將來。」仍賜收美錦二匹。

與石榴同樣，確自西域所傳入的則為「葡萄」。葡萄《史記・大宛傳》作「蒲陶」，《傳》云：

大宛左右以蒲陶為酒，富人藏酒至萬餘石，久者數十歲不敗。俗嗜酒，馬嗜苜蓿。漢使取其實來，於是天子始種苜蓿蒲陶肥饒地。

此漢使普通即指張騫，然按傳文看來，實在張騫死後的事，所以僅稱漢使而不明言張騫。但西域之通騫為首功，所以這些方物的傳入，也可歸功於他了。此蒲陶註家均無解釋其命名之意，大約當是譯音，而李時珍《本草綱目》以為：「可以造酒，人酺飲之則陶然而醉，故有是名。」恐出想像之辭。其後又作「蒲萄」，復由蒲萄而變作「葡萄」。又據李時珍云：

其圓者名「草龍珠」，長者名「馬乳葡萄」，白者名「水晶葡萄」，黑者名「紫葡萄」。《漢書》言張騫使西域還始得此種，而《神農本草》已有葡萄，則漢前隴西舊有，但未入關耳。

此所述葡萄實只有紫白兩種，紫白均有圓形及長圓形。至《神農本草》載有其物，以為漢前已有，是信《本草》真為神農所作，未必其然。蓋此《本草》實為漢人所作，偽託神農而已。又據王象晉《群芳譜》云：

葡萄一名「賜紫櫻桃」。「水晶葡萄」暈色帶白如著粉，形大而長，味甚甘，西番者更佳。「馬乳葡萄」色紫形大而長，味甘。「紫葡萄」黑色，有大小二種，酸甜二味。「綠葡萄」出蜀中，熟時色綠。若西番之綠葡萄名「兔睛」，味勝糖蜜無核，則異品也，其價甚貴。「瑣瑣葡萄」出西番，實小如胡椒，今中國亦有種者，一架中間生一二穗。

是葡萄種類實繁。葡萄除了生食以外，可以為乾為酒，此在古時已知道的。據明葉子奇《草木子》云：

> 元朝於冀寧等路造葡萄酒，八月至太行山辨其真偽，真者下水即流，偽者得水即冰凍矣。

此法不知亦可施於現在的葡萄酒否？至現今的葡萄酒，各國均有製造，名目不一，如法國的白蘭地（Burgundy）、香檳（Champion），德國的萊因（Rhine），意大利的馬薩拉（Marsale），西班牙的舍利（Sherry），都是很著名的。我國則以煙台張裕釀酒公司所出的最有名。

一八　甘蔗香蕉

Sugar canes and bananas

サトウキビ、バナナ

甘蔗之名，始見於晉嵇含《南方草木狀》，據云：「諸蔗一曰甘蔗，交趾（今越南——編者註）所生者圍數寸，長丈餘，頗似竹，斷而食之甚甘。」漢及漢以前作柘或作藷，如宋玉《招魂》：「胹鱉炮羔，有柘漿些。」據註：「柘一作蔗。」《說文》：「藷，蔗也。」《唐韻古音》以為：「甘蔗一名甘諸，南北音異也。」蓋藷讀諸音，與另外一種甘藷之讀薯音者不同。其後則似為彼此免相混淆，專以蔗為蔗了。考蔗字之用意，據明陳繼儒《群碎錄》云：

宋神宗問呂惠卿曰：「蔗字從庶何也？」曰：「凡草木種之俱正生，蔗獨横生，蓋庶出也，故從庶。」

恐出杜撰，硬從庶字附會而已。當是庶的諧聲，故字可作柘，亦可作藷，皆取其音似而已。又據宋王灼《糖霜譜》云，蔗的種類有四，他說：

蔗有四色：曰「杜蔗」，即竹蔗也，綠嫩薄皮，味極醇厚，專用作霜。曰「西蔗」，作霜色淺。曰「艻蔗」，亦名蠟蔗，即荻蔗也，亦可作沙糖。曰「紅蔗」，亦名紫蔗，即崑崙蔗也，止可生啖，不堪作糖。

甘蔗古有消酒之說，故漢《郊祀歌》云：「泰尊柘漿折朝酲。」此柘漿即蔗汁。據宋林洪《山家清供》云：

雪夜，張一齋飲客酒酣，簿書何君時奉出沆瀣漿一瓢，與客分飲，不覺酒容為之灑然。問其法，謂得之禁苑，止用甘蔗蘆菔，各切作方塊，以水爛煮即已；蓋蔗能化酒，蘆菔能化食也。

又晉顧愷之食蔗恆自尾至本，人或怪之，云：「漸入佳境。」見《晉書》本傳，這可說是食蔗的一個最妙方法。甘蔗本為亞洲南部的原產，我國之有此物，或即傳自交趾。周初猶無所聞，大約在戰國時方才傳入的，所以宋玉《招魂》有「柘漿」之說。

香蕉古稱「甘蕉」，亦稱「蕉子」。宋陸佃《埤雅》云：「蕉不落葉，一葉舒則一葉焦，故謂之蕉。」甘即言其滋味的甘，曹叔雅《異物志》所謂：「其肉如飴蜜甚美，食之四五枚可飽，而餘滋味猶在齒牙間，故一名甘蕉。」

甘蔗漢時已有之。《三輔黃圖》云：「漢武帝元鼎六年破南越，起扶荔宮，以植所得奇草異木，為甘蕉十二本。」蓋其種本出南越，即今廣東地方，今亦復然。據晉嵇含《南方草木狀》云，甘蕉有三種：

甘蕉望之如樹株，大者一圍餘，葉長一丈或七八尺，廣尺餘二尺許。花大如酒杯，形色如芙蓉，著莖末。子大各為房相連累，甜美，亦可蜜藏。根如芋魁，大者如車轂。實隨華，每華一闔各有六子，先後相次。子不俱生，花不俱落。一名芭蕉，或曰巴苴。剝其子上皮，色黃白，味似葡萄，甜而脆，亦療飢。此有三種：子大如拇指長而銳，有類羊角，名「羊角蕉」，味最甘好。一種子大如雞卵，有類牛乳，名「牛乳蕉」，微減羊角。一種大如藕子，長六七寸，形正方，少甘，最下也。其莖解散如絲，以灰練之，可紡績為絺綌，謂之「蕉葛」，雖脆而好，黃白不如葛赤色也。交廣俱有之。

按：古以芭蕉與甘蔗為一類，今植物學家以芭蕉易結實而不堪食，甘蔗則堪食，分而為二，然二蕉形狀實極相似。又據宋范成大《桂海虞衡志》云：

「蕉子」，芭蕉極大者，凌冬不凋，中抽幹長數尺，節節有花。花褪葉根有實，去皮取肉，軟爛如綠柿，極甘冷，四季恆實。土人或以飼小兒，云性涼，去客熱，謂之蕉子，又名牛蕉子。以梅汁漬暴乾，按令扁，味甘酸有微霜，世所謂芭蕉乾者是也。「雞蕉子」小如牛蕉，亦四時實。「芽蕉子」小如雞蕉，尤香嫩甘美，秋初實。

此亦指甘蔗，而就形狀大小以分的。此外蕉葉可以作書，如南朝徐伯珍少孤貧，學書無紙，常以竹箭箬葉甘蕉及地上學書。（見《南史》本傳）而古時又以蕉葉為酒杯代詞的，如《東坡題跋》云：「吾少年望見酒盞而醉，今亦能三蕉葉矣。」蕉葉實指酒杯的最淺者，形如蕉葉而已。又粵中東莞以奴為蕉葉，那據說從前有一個奴子頗慧，一日主人與客說何葉最大，或云芋葉，或云蓮葉，奴卻奮然前顧主人說：「任憑責罰，蕉葉最大。」人因呼奴為蕉葉了，見《粵遊小志》。這可說是蕉中的一個別聞，故亦附志於此。至於今俗所稱的蕉扇，則實為葵葉，並非蕉葉所製的。

一九 蓮藕菱芡

Lotus roots and water chestnuts

蓮根、菱、オニバスの実

蓮可說是中國人最愛好的植物，所以自古對於它的各部分都有名稱，這在別種植物裡是沒有這樣詳細規定過的。就如《爾雅》所說：

荷，芙蕖，其莖「茄」，其葉「蕸」，其本「蔤」，其華「菡萏」，其實「蓮」，其根「藕」，其中「的」，的中「薏」。

僅此一物，即有如許名稱，據邢昺《疏》云：

李巡曰：「皆分別蓮莖花葉實之名，芙蕖其總名也，別名芙蓉，江東呼荷。菡萏蓮華也，的蓮實也，薏中心也。」郭璞曰：「蔤，莖下白蒻在泥中者。」今江東人呼荷華為芙蓉，北方人便以藕為荷，亦以蓮為荷，蜀人以藕為茄。或用其母為華名，或用根子為母葉號，此皆名相錯習，俗傳誤失其正體者也。

按：芙蓉今別有其物，故今又加水而稱蓮為「水芙蓉」。藕乃是其地下莖而非其根。其本乃是其根。這些名稱，據王安石《字說》所云，皆有深厚意義，其說云：

「藕」藏於水，其自處卑，無所加焉，其所與污，潔白自若，中有空焉，不偶不生，若此可以偶物矣。「茄」無枝附，泥不能污，水不能沒，挺出而立，若此可以加物矣。「蓮」既有以自生，又會而屬焉，若此可以連物矣。「菡萏」實若舀，隨昏昕闔辟焉，若此可以函物矣。「蕸」假根以立而不如藕之有所偶，假莖以出而不如茄之有所加，假華以生而不如蓮之有所連，菡萏之有菡也，若此可謂遐矣。「蔤」退藏於無用而可用，可見者本焉，若此可謂密矣。合此眾美，則可以何物，可以為夫，可以為渠，故曰荷「芙蕖」也。「荷」以何物為義，故通於負荷之字。

又據明李時珍《本草綱目》云：

> 或云「藕」善耕泥，故字從耦，耦者耕也。「茄」音加，加於蔤上也。「蕸」音遐，遠於蔤也。「菡萏」函合未發之意。「芙蓉」敷佈容豔之意。「蓮」者連也，花實相連而出也。「菂」者的也，子在房中點點如的也，的凡物點注之意。「薏」猶意也，含苦在內也，古詩云「食子心無棄，苦心生意存」是矣。

又據晉崔豹《古今注》云：「蓮一名水芝，一名澤芝，一名水花。」蓮的名稱真可謂繁多極了。至於蓮的種類也不勝其繁，如明王圻《三才圖會》云：

荷一名菡萏，一名水芙渠，有「千葉黃」、「千葉白」、「千葉紅」，有「紅邊白心」，有「馬蹄蓮」，子多而大，有「墨荷」，並佳種。華山山頂有池生「千葉蓮」，服之羽化，鄭穀詩所謂「太華峰頂玉井蓮」是也。南海有「睡蓮」，曉起朝日，夜低入水，歲有水則荷早發，曾端伯以為淨友。又有「金蓮」，「鐵線蓮」白花，「太乙蓮」花甚難開，本如芭蕉，葉如芋，亦名觀音芋。「青蓮」或曰即鐵線蓮，晉佛圖澄取缽盛水燒香咒之，缽中生青蓮花，光色耀人，四五月開。

又據李時珍云：「別有金蓮花黃，碧蓮花碧，繡蓮花如繡，皆是異種。」他又說：「大抵野生及紅花者蓮多藕劣，種植及白花者蓮少藕佳也。其花白者香，紅者豔，千葉者不結實。」

蓮實即普通稱為蓮子，據《本草經》云：「補中養神，益氣力，除百疾，久服輕身耐老，不飢延年。」故今人視為補品之一，然輕身不飢之說，殊不足信。藕則李時珍云：「白花藕大而孔扁者，生食味甘，煮食不美；紅花及野藕，生食味澀，煮蒸則佳矣。」又藕有破血之效，如陶弘景《本草注》云：

宋時太官作血䘓（羹也），庖人削藕皮誤落血中，遂散渙不凝，故醫家用以破血，多效也。

所以孟詵《食療本草》亦謂：「產後忌生冷物，獨藕不同生冷者，為能破血也。」而藕節的功效尤大，謂能止血，如李時珍云：「藕節能止咳血、唾血、血淋、溺血、下血、血痢、血崩。」並引趙溍《養疴漫筆》云：

宋孝宗患痢，眾醫不效。高宗偶見一小肆，召而問之，其人問得病之由，乃食湖蟹所致，遂診脈曰：「此冷痢也。」乃用新採耦節搗爛，熱酒調下，數服即癒。高宗大喜，就以搗藥金杵臼賜之，人遂稱「金杵臼」，嚴防御家，可謂不世之遇也。

這倒是食藕的人，所可留意的地方。

也像蓮生在水中的別有「菱」，本作蔆，亦稱為「芰」。《說文》以為「蔆楚謂之芰」，是芰乃楚地之稱。李時珍云：「其葉支散，故字從支；其角棱峭，故謂之蔆，而俗呼為蔆角也。」是其所稱各有用意，實無分別。惟據王安貧《武陵記》云：「三角四角者為芰，兩角者為蔆。」則菱芰又有所區別了。此外菱又有野菱家菱之分，如李時珍《本草綱目》云：

芰菱有湖濼處則有之，菱落泥中最易生發，有野菱家菱。「野菱」自生湖中，葉實俱小，其角硬直刺人，其色嫩青老黑，嫩時剝食甘美，老則蒸煮食之。野人暴乾，剁米為飯為粥，為糕為果，皆可代糧。其莖亦可暴收，和米作飯，以度荒歉，蓋澤農有利之物也。「家菱」種於陂塘，葉實俱大，角軟而脆，亦有兩角彎捲如弓形者，其色有青有紅有紫，嫩時剝食皮脆肉美，蓋佳果也。老則殼黑而硬，墜入泥中，謂之「烏菱」。冬月取之，風乾為果，生熟皆佳。

菱在古時亦為果之上品者，與桃李梅杏等並列，見《禮記·內則》。又《周禮·天官》：「籩人掌四籩之實，蔆芡㮚脯。」鄭鍔曰：「蔆芡之類，皆生於水，以類推之，則取物之深遠者，所以致其物之難得也。」其珍重可知。故每逢菱熟之時，士女相採，輒有採菱之歌，直與採蓮無異。《楚辭·招魂》所謂「涉江採菱發《陽阿》」，《陽阿》即採菱的曲名。今其曲品不傳，而後人所作的殊多，不勝列舉。又如漢應劭《風俗通》云：「殿堂象東井形，刻為荷菱；荷菱皆水物，所以厭火也。」此雖為迷信之談，也足見古時對此物的重視。

菱除上述供食以外，還可以為粉，即俗稱「菱粉」，以之調羹甚佳，此法明高濂《遵生八箋》已有說及，云：「去皮如治藕法取粉。」

又古人取菱花六觚之象以為鏡，故有菱花鏡之說。如宋陸佃《埤雅》云：「群說鏡謂之菱花，以其面平光影所成如此。庾信《鏡賦》云照壁而菱花自生是也。」

古與菱並稱則尚有「芡」，而其實與蓮相似，亦生於水中。據漢揚雄《方言》云：「北燕謂之葰，青徐淮泗之間謂之芡，南楚江湘之間謂之雞頭，或謂之雁頭，或謂烏頭。」雞頭等名，蓋皆就是刺球形狀而言。此外又有「雞壅」之稱，見《莊子》；「卯蔆」之稱，見《管子》。李時珍以為：「芡可濟儉，故謂之芡。」其芡實即在刺球內，刺球即李氏所謂苞者。他說：

芡莖三月生葉，貼水大於荷葉。五六月生紫花，花開向日結苞，外有青刺，如蝟刺及栗球之形。花在苞頂，亦如雞喙及蝟喙。剝開內有斑駁軟肉，裹子纍纍如珠璣，殼內白米，狀如魚目。深秋老時，澤農廣收，爛取芡子，藏至囷石，以備荒歉。其根狀如三稜，煮食如芋。

然其根實為其地下莖，蓋亦如藕之誤認為根的。

二〇 棗栗核桃

Chinese dates, chestnuts and walnuts

棗、栗、胡桃

棗與栗，古時多並用之，如《禮記．曲禮》有：「婦人之摯，椇榛脯脩棗栗。」據《疏》云：「棗早者，栗肅也，以棗栗為摯，取其早起戰栗自正也。」又《內則》有：「子事父母，婦事舅姑，棗栗飴蜜以甘之。」是即今之所謂蜜棗和糖炒栗子了。又《儀禮．聘禮》中有：「賓至於近郊，夫人使下大夫勞以二竹簋，其實棗蒸栗擇。」是又可以作為敬客之用的。由此均可知古時對棗栗兩果的重視。

棗木有刺，故字從二朿。宋陸佃《埤雅》云：「棘大者棗，小者棘，蓋若酸棗所謂棘也。於文重朿為棗，並朿為棘；一曰棘實曰棗。蓋棗性重喬，棘則低矣，故其製字如此。」是因棗木高大，故兩朿相重，棘則低小，故兩朿相並。

棗的種類在古時實很多，《爾雅》所載就有十一種之多，即棗（壺棗）、邊（要棗）、櫅（白棗）、樲（酸棗）、楊徹（齊棗）、遵（羊棗）、洗（大棗）、煮（填棗）、蹶泄（苦棗）、皙（無實棗）、還味（棯棗）。這許多棗，現在恐怕未必全有。此外如晉郭義恭《廣志》除述各地名棗外，云：

棗有狗牙、雞心、牛頭、羊矢、獼猴、細腰之名，又有玄棗、大棗、崎廉棗、桂棗、夕棗之名。

而後魏賈思勰《齊民要術》則云：「青州有樂氏棗，肌細核多膏，肥美為天下第一；父老相傳云，樂毅破齊時，從燕來齊所種也。」按：今普通所知的棗，不過分紅黑兩種而已。晉郭璞註《爾雅》遵羊棗云：「實小而圓，紫黑色，今俗呼之為羊矢棗，孟子曰：曾晳嗜羊棗。」是羊棗似即今之所謂黑棗了。

栗古以為五果之一。所謂五果，據宋羅願《爾雅翼》云：

五果之義，春之果莫先於梅，夏之果莫先於杏，季夏之果莫先於李，秋之果莫先於桃，冬之果莫先於栗。五時之首，寢廟必有薦，而此五果適丁其時，故特取之。

可知栗在果中也是很重要的。至今北方及上海人吃糖炒栗子，是作為秋冬間應時果品的。

栗字古文作㮚，《說文》以為：「從木，其實下垂，故從卤。」栗的種類也頗多，據《毛詩・陸疏廣要》云：

五方皆有栗，周秦吳揚特饒，吳越被城表裡皆栗，惟漁陽範陽栗甜美味長，他方者悉不及也，倭韓國諸島上栗大如雞子，亦味短不美。桂陽有「莘栗」叢生，大如杼子，中仁皮子形色與栗無異也，但差小耳。又有「奥栗」，皆與栗同，子圓而細，或云即莘也。今此惟江湖有之。又有「茅栗」「錐栗」，其實更小，而木與栗不殊，但春生夏花秋實冬枯為異耳。

又明李時珍作《本草綱目》云：「栗之大者為板栗，中心扁子為栗楔，稍小者為山栗，山栗之圓而末尖者為錐栗，圓小如橡子者為莘栗，小如指頂者為茅栗，即《爾雅》所謂栭栗也，一名栵栗，可炒食之。」

核桃就是胡桃，今與棗栗同為乾果之一。胡桃或云出於西域，故名，如晉張華《博物志》云：「張騫使西域還得胡桃。」然《博物志》頗為後人所攙雜，張騫使歸，據《史記》《漢書》兩書實無此物，殊疑莫能明。李時珍《本草綱目》以為：「此果有青皮肉包之，其形如桃，胡桃乃其核也；北音呼核如胡，名或以此。」是胡桃實為核桃之訛音，並非出於胡地的。然此桃非中國原產，傳自西域，當屬可信，惟未必定為張騫的。《西京雜記》云：「初修上林苑，群臣遠方各獻名果異樹，有胡桃出西域。」則為當時遠方所獻來的，更非張騫明甚。據唐段成式《酉陽雜俎》云：

胡桃仁曰蛤蟆。樹高丈許，春初生葉，長三寸，兩兩相對。三月開花如栗花，結實如青桃。九月熟時，漚爛皮肉，取核內仁為果。北方多種之，以殼薄仁肥者為佳。

又李時珍云「胡桃有補氣養血，潤燥化痰」之功，故今認胡桃為補品之一云。

二一　荔枝龍眼

Litchi and longan

ライチ、リュウガン

荔枝，按：朱應《扶南記》云：「此木結實時，枝弱而蒂牢，不可摘取，必以刀斧劙取其枝，故以為名。劙音利，與荔同。」又司馬相如《上林賦》作「離支」。唐白居易《荔枝圖序》云：「若離本枝，一日而色變，二日而香變，三日而味變。」則離支之名又或取義於此，離荔音亦相同的。

荔枝產於閩、廣、四川一帶，漢時即認為珍果，如漢王逸《荔枝賦》就有「卓絕類而無儔，超眾果而獨貴」之說。唐張九齡《荔枝賦》更稱為：「味特甘滋，百果之中，無一可比。」自宋蔡襄作《荔枝譜》後，荔枝之名，尤為人們所羨稱。惟荔枝在漢以前則未聞，蓋其時嶺南諸地猶未通中國，故經書中沒有提及荔枝的。自南越趙佗獻漢高祖荔枝後，荔枝遂作為歲貢之物。唐楊貴妃尤愛吃此果，所以杜牧《華清宮》詩有「一騎紅塵妃子笑，無人知是荔枝來」之句。

荔枝的品類甚多，據蔡襄《荔枝譜》所述，僅閩地所產有三十二種，然要以興化所出的陳紫為最上

和風甘雨

品。他說：

荔枝之於天下，唯閩、粵、南粵、巴、蜀有之。今之廣南州郡與夔梓之間所出，大率早熟，肌肉薄而味甘酸，其精好者僅比東閩之下等。閩中惟四郡有之，福州最多，而興化軍最為奇特，泉漳時亦知名。興化軍風俗，園池勝處唯種荔枝，當其熟時，雖有他果，不復見省。尤重陳紫，富室大家，歲或不嘗，雖別品千計，不為滿意。陳氏欲採摘，必先閉戶，隔牆入錢，度錢與之，得者自以為幸，不敢較其直之多少也者。列陳紫之所長，以例眾品，其樹晚熟，其實廣上而圓下，大可徑寸有五分，香氣清遠，色澤鮮紫，殼薄而平，瓤厚而瑩，膜如桃花紅，核如丁香母，剝之凝如水精，食之消如絳雪，其味之至，不可得而狀也。荔枝以甘為味，雖百千樹莫有同者，過甘與淡，失味之中，唯陳紫之於色香味，自拔其類，此所為天下第一也。凡荔枝皮膜形色，一有類陳紫則已為中品。若夫厚皮尖刺，肌理黃色，附核而赤，食之有渣，食已而澀，雖無酢味，自亦下等矣。或云陳紫種出宋氏，世傳其樹已三百歲。舊屬王氏，黃巢兵過，欲斧薪之，王氏媼抱樹號泣，求與樹偕死。賊憐之，不伐。

此樹據明宋珏《荔枝譜》引《閩遊志》云:「永樂以後,樹漸枯死。今其世孫宋比玉烏山屋旁尚有一樹,大數十圍,樹腹已空,可坐四五人,相傳是其孫枝云。」

荔枝除生啖以外,又可用紅鹽、白曬、蜜煎三法,使之久藏。其法亦見於蔡襄《荔枝譜》中:

紅鹽之法,民間以鹽梅鹵浸佛桑花為紅漿,投荔枝漬之,曝乾色紅而甘酸,可三四年不蟲,然絕無正味。白曬者,烈日乾之,以核堅為止,畜之甕中,密封百日,謂之出汗,去汗耐久,不然逾歲壞矣。蜜煎,剝生荔枝笮去其漿,然後蜜煎之。予前知福州,用曬及半乾者為煎色黃白而味美可愛。

此外古來又以「側生」稱荔枝的，實誤於晉左思《蜀都賦》「側生荔枝」一語。所以明陳繼儒《枕譚》云：

左思《蜀都賦》：「旁挺龍目，側生荔枝。」張九齡《荔枝賦》云：「雖觀上國之光，而被側生之誚。」杜子美句云：「側生野岸及江蒲，不熟丹宮滿玉壺。」諱荔枝為側生，雖本之左思張九齡，然以時事不欲直道也。黃山谷題《楊妃病齒》云：「多食側生，損其左車。」則又好奇故耳。

其實側生乃對旁挺，豈可代表荔枝？這也可見前人之愛好賣弄文字，以致極通俗的名詞，也改為極生僻的了。

與荔枝相似的有「龍眼」，今多稱為「桂圓」。言龍眼是說它實的形狀像龍眼，因此也有稱為「龍目」或「比目」的，見《吳普本草》。桂圓則古無是稱，桂當指桂海，古以南海有桂，故稱為桂海，圓亦就形狀而言。此外又有「益智」「荔枝奴」「木彈」等之稱，如明李時珍《本草綱目》云：

「龍眼」「龍目」，象形也。《吳普本草》謂之「龍目」，又曰「比目」。曹憲《博雅》謂之「益智」。馬志曰：「甘味歸脾，能益人智，故名益智，非今之益智子也。」蘇頌曰：「荔枝才過龍眼即熟，故南人目為荔枝奴；又名木彈。曬乾寄遠，北人以為佳果，目為亞荔枝。」

因為有益智的說法，所以今人視龍眼為果中補品，實較荔枝為重視。誠如李時珍所說：「食品以荔枝為貴，而資益則龍眼為良，蓋荔枝性熱，而龍眼性和平也。」然在古代，則龍眼實不為人所屑道，如蘇軾《評荔枝龍眼》云：

閩越人高荔枝而下龍眼，吾為評之。荔枝如食蝤蛑大蟹，斫雪流膏，一啖可飽；龍眼如食彭越石蟹，嚼嚙久之，了無所得。然酒闌口爽饜飽之餘，則咂啄之味，石蟹有時勝蝤蛑也。

此雖為龍眼解嘲，其品實不及荔枝。又明宋珏《荔枝譜》中有云：

側生見重於世，詩賦歌詠，連篇累牘，獨旁挺寥寥，何也？豈以色香頓殊，味亦遠遜，遂爾見輕耶？然圓若驪珠，赤若金丸，肉似玻璃，核如黑漆，補精益髓，蠲渴扶飢，美顏色，潤肌膚，種種功效，不可枚舉；至於寄遠廣販，坐賈行商，利反倍於荔枝，則龍目何可貶也？至若耳食之夫，以荔熱傷人，龍目大補，反欲昂此輕彼，則婢學夫人，不覺膝自屈矣。

此其意雖為龍眼張目，然結論還是捨不得荔枝的。可是龍眼之被人重視，也是後來的事。今則福建興化所出，最負盛名，而品則又有三全、正貳、大泡等等之分，以三全為最上，大泡為最下云。

責任編輯　正　圓　朱志凌　楊麗萍
責任校對　江蓉甬
版式設計　姜　明
封面設計　彭若東
排　　版　許靜鈿
印　　務　馮政光

書　　名　穀蔬瓜果
叢 書 名　事物掌故叢談
編　　著　楊蔭深
題　　簽　鄧明
篆　　刻　潘方爾
繪　　畫　趙澄襄
出　　版　香港中和出版有限公司
Hong Kong Open Page Publishing Co., Ltd.
香港北角英皇道499號北角工業大廈18樓
http://www.hkopenpage.com
http://www.facebook.com/hkopenpage
http://weibo.com/hkopenpage
香港發行　香港聯合書刊物流有限公司
香港新界大埔汀麗路36號3字樓
印　　刷　中華商務彩色印刷有限公司
香港新界大埔汀麗路36號中華商務印刷大廈
版　　次　2017年4月香港第一版第一次印刷
規　　格　32開（130mm × 183mm）192面
國際書號　ISBN 978-988-8466-06-1

本書為上海世紀出版股份有限公司辭書出版社中文簡體《事物掌故叢談》（小精裝9冊雙向函套裝、附別冊）的中文繁體字版，由上海世紀出版股份有限公司辭書出版社授權香港中和出版有限公司在香港地區獨家出版，在中華人民共和國內地以外國家及地區發行、銷售。